이솝 우화로 읽는 철학 이야기

이솝 우화로 읽는
철학 이야기

이솝의 지혜, 철학자의 생각법!
일상에서 써먹는 철학 개념

박승억 지음 | 박진희 그림

이케이북

이솝 우화로
우리 삶을 철학하다

이솝 우화는 훌륭한 문화유산이에요

이솝 우화는 사람들 대부분이 글을 모르던 시절 우리에게 어떻게 살아야 하는지를 가르쳐준 일종의 교재라고 할 수 있습니다. 주인공들이 주로 동물인 것은 인간의 성격을 유형별로 분석해서 캐릭터화했다고 볼 수 있습니다. 이솝 우화는 오늘날에도 여전히 고민하고 생각해봐야 하는 문제들을 제시합니다. 그리고 우리가 어떻게 행동해야 하는지에 관해 함축적인 교훈을 주죠. 이런 점에서 이솝 우화는 인류가 오랫동안 전승해온 매우 훌륭한 문화유산입니다.

이솝 우화에는 실천적 지혜가 담겨 있어요

물론 모든 이솝 우화가 우리 삶에 대한 보편타당한 진리를 말한다고 볼 수는 없습니다. 어떤 이야기들은 오늘날의 감수성에서 보면 맞지 않기도 한데요. 무엇보다 인간을 유형화해 분류한 점이 그렇습니다. 말하자면 특정 부류의 사람들은 믿을 수 없어 경계해야 한다는 인상을 심어주므로 편견을 갖게 할 수 있으니까요. 그럼에도 이솝 우화가 아직도 많은 사람에게 읽히고 회자되는 까닭은 그 속에 슬기롭고 건강하게 살아가고자 하는 사람들이 마음에 담아둘 실천적 지혜가 담겨 있어서입니다.

이솝 우화에 등장하는 실천적 지혜는 철학적 이론과 무관하지 않아요

오늘날 우리는 학교에서 배우는 것과 현실이 다르다고 믿습니다. 학교에서 정의롭게 살라고 가르치지만 현실은 전혀 정의롭지 않다고 생각합니다. 또 학교에서 이타적으로 행동하라고 배우지만 현실에서 그렇게 했다가는 순진한 바보 취급을 받기 십상이죠. 이처럼 이론적 지식과 실천적 지혜가 분리된 상황은 우리를 삶의 위기 속으로 몰아넣습니다. 어떻게 살아야 하는지 모르게 만들기 때문입니다.

철학적 이론과 실천적 지혜 사이에서 이솝 우화는 생각의 틈을 좁혀줘요

이 책은 이솝 우화에서 현대를 살아가는 우리 이야기를 철학적으로 풀어낼 수 있는 주제들을 골라 엮었습니다. 이를 통해 이론적 지식과 실천적 지혜 사이의 간극을 좁혀보고자 하는데요. 철학의 주제는 크게 세 부류로 나눴습니다. 첫째는 우리가 지성을 사용하는 방법에 관한 이야기이고, 둘째는 윤리적이고 도덕적인 삶의 문제, 그리고 마지막은 어떻게 다른 사람들과 함께 잘 살아갈 수 있는가에 관한 이야기입니다.

물론 이런 구분은 편의상 나눈 것일 뿐이며, 모든 이야기는 결국 하나의 덩어리입니다. 그 모두가 우리 삶에 관한 이야기니까요. 따라서 이야기는 교차하기도 섞이기도 합니다. 이 책에서는 이런 식으로 구분했지만, 이야기들을 엮어서 어떻게 새로운 통찰을 만들어내는가는 독자의 몫입니다.

가족이 함께 읽는 책이기를 바랍니다

가족이 함께 식사하며 토론하는 모습은 오늘날 우리 사회에서 가장 보기 좋은, 그러나 가장 보기 어려운 모습이지 않을까요? 이솝 우화는 앞으로 '어떻게 살아야 하는가'라는 주제로 가족이 함께 이야기를 나눌 수 있는 좋은 소재입니다. 그런 토론의 과정에서 모두가 자유롭게 생각하고 스스로 가치관을 만들고 또 다듬어감으로써, 한 개인의 삶은 물론 그런 개인들이 모인 우리 사회가 더 건강하고 바람직한 사회가 되기를 바랍니다.

2019년 3월
박승억

차례

첫 번째 이야기 **슬기롭게 산다는 것은**
지성을 사용하는 방법

첫 번째
이야기

슬기롭게
산다는 것은

⭐ 지성을 사용하는 방법

1

오늘이 중요할까,
내일이 중요할까?

개미와 베짱이

어느 화창한 늦가을 날 개미 가족 모두는 지난여름 내내 땀 흘려 모은 곡식을 따뜻한 햇볕에 잘 말리기 위해 바쁘게 움직이고 있었습니다. 추운 겨울을 나기 위해서는 꼭 필요한 일이죠. 그때 배가 고파 기운이 하나도 없는 베짱이가 우물쭈물하며 다가왔습니다. 배고픈 베짱이는 바이올린을 품에 꼭 안은 채로 개미에게 먹을 것을 좀 나눠달라고 애원했습니다. 일을 하던 개미는 깜짝 놀라 물었습니다.

"아니, 금방 추운 겨울이 닥칠 텐데 먹을 것이 없다니… 지난여름 동안 도대체 뭘 한 거요?"

그러자 베짱이는 힘없는 목소리로 이렇게 말했습니다.

"곡식을 모을 시간이 없었어요. 음악을 하느라 너무 바빴거든요. 여름이 이렇게 빨리 가버릴 줄 몰랐고요."

그러자 개미는 한심하다는 듯이 쳐다보고는 이렇게 말했습니다.

"음악을 하느라 바빴다… 그럼 겨울에는 춤을 추면 되겠네!"

개미는 배고픈 베짱이에게 어깨를 으쓱해 보이고는 다시 일하기 시작했습니다.

현재와 미래, 어느 것이 더 중요할까?

개미와 베짱이 이야기는 미래를 가늠해보는 생활이 얼마나 중요한지를 일깨워주는 우화입니다. 하지만 너무 허황한 미래나 꿈을 위해 현재를 희생할 수는 없죠. 마치 미래를 위해 현재를 희생한다거나 현재를 위해 미래를 포기한다는 식은 문제를 잘못 설정한 것입니다. 올바른 문제 설정은 현재나 미래라는 시간이 아니라 현재 하려고 하는 일과 미래에 일어날 수 있는 일 가운데, 어느 것이 내 삶에서 중요한지를 따져보는 것이죠. 현재의 일시적 쾌락을 위해 미래의 내 삶에서 중요한 일을 준비하지 못한다면, 잘못된 선택일 것입니다. 반대로 미래에 일어날지 안 일어날지 확실하지 않은 일을 위해 현재의 소중한 시간을 허비하는 것 역시 좋은 선택은 아니죠. 중요한 것은 시간이 아니라 일입니다.

상황이 다른 경우도 있습니다. 생명이 얼마 남지 않은 사람이라면 현재와 미래 중 어느 것이 중요할까요? 안타깝게도 병 때문에 생명이 얼마 남지 않은 사람에게 먼 미래는 의미가 없을 수 있죠. 그런 사람은 오늘을 인생의 마지막 날처럼 여기고 현재의 매 순간이 소중할 것입니다. 보통의 청소년은 훨씬 더 먼 미래를 생각합니다. 그 미래는 비록 불확실하지만 어떤 일이든 일어날 가능성이 넘쳐나죠. 그래서 마치 내일은 없는 것처럼 오늘 해야 할 일들을 나 몰라라 해서는 안 됩니다. 그것은 실제로 자신의 미래를 목 조르는 일이 될 겁니다.

그렇다면 이제 다시 새로운 질문이 떠오릅니다. "오늘의 일과 내일의 일 중에 어느 것이 더 중요한지를 어떻게 알지?" 이 질문은 인간을 생각하는 동물, 이성을 가진 존재자라고 말하는 것과 관련이 있습니다. 합리적이고 이성적이라는 것은 무엇을 말하는 것일까요?

어차피 인생은 한 번뿐, 욜로

몇 년 전부터 '욜로'라는 말이 '인생을 어떻게 살아야 하는가?'라는 오래된 질문에서 하나의 대답 역할을 해오고 있습니다. '욜로(YOLO, You Only Live Once)'는 어차피 인생은 한 번뿐인데 즐길 수 있을 때 인생을 즐겨보자는 뜻입니다. 이솝 우화에서 개미는 여름 내내 열심히 일했습니다. 가을에도 열심히 일하고, 틀림없이 봄에도 열심히 일했을 테고요. 아마 다가올 겨울에도 내년을 위해 준비해야 하니까 쉬지 않을 것입니다. 도대체 개미는 언제 쉴 수 있을까요? 혹시 개미가 그 무섭다는 일중독은 아닐까요? 그런데 개미가 일하는 것 자체에서 행복감을 느끼지 못한다면 어떨까요? 오직 미래를 대비하기 위해 일하는 것이라면 개미는 도대체 언제 행복해질 수 있을까요? 미래를 위해 늘 현재를 희생하는 것은 아닐까요? 요즘 유행하는 말 가운데 '소확행'이 있죠. '소소하지만 확실한 행복'이라는 말인데, 미래의 불확실한 행복을 위해 현재 소중한 것들을 희생하지 말자는 뜻이 들어 있습니다. 실제로 글로벌 경제의 변동성이 커지면서 사람들은 미래의 불확실성이 커졌다고 느낍니다. 이런 불확실한 미래를 위해 일상의 행복을 포기하는 것은 그리 현명해 보이지 않을 수 있습니다

현재를 즐기라, 카르페디엠

개봉 당시 젊은이에게 수많은 영감을 준 〈죽은 시인의 사회〉(1989년)라는 영화가 있습니다. 배우 로빈 윌리엄스가 연기한 키팅 선생님은 집안의 기대 때문에 성적의 노예가 된 학생들에게 자신만의 인생을 위한 꿈을 키우라고 격려하며 이런 말을 해줍니다. "카르페디엠(carpe diem)!" '오늘을 잡아라!', 즉 현재에 충실하라는 뜻입니다. 요즘은 '현재를 즐기라'는 뜻으로 많이 쓰이죠.

본래는 스피노자의 "내일 지구가 망한다 하더라도 오늘 나는 한 그루의 사과나무를 심겠다"는 말과 같은 의미로, 카르페디엠은 그저 현재를 즐기자는 이야기는 아닙니다. 도리어 미래가 어떻게 될지 아무도 알 수 없으니 현재 자신이 할 수 있는 일에 최선을 다하는 수밖에 없다는 다소 비장한 의미입니다. 물

론 똑같은 이유로 오늘을 즐기자고 해석할 수도 있죠.

벌 수 있을 때 벌자, 파이어

분명 우리는 미래를 위해 현재를 희생하기도 합니다. 미래에 올 행복이 지금 내가 누릴 수 있는 행복보다 더 크다고 생각해서입니다. 내년에 치를 중요한 시험 때문에 친구와의 여행을 뒤로 미루기도 하니까요. 때로는 이런 태도가 우리를 탈진 상태로 빠트리죠. 미래의 행복은 불확실하기 때문입니다. 만약 시험에 붙지 못하면 어떻게 될까요? 합격하고 나서 기분 좋게 가려던 여행은 가지 못하기가 쉽죠. 설령 합격하더라도 그때는 또 다른 미래의 일 때문에 여행이 뒤로 미루어질 수도 있고요. 이렇게 계속 미래만을 준비하다 보면, 어느 순간 내가 미래를 사는 것인지 현재를 사는지 헷갈릴지도 모릅니다. 그렇다고 미래는 생각하지 않고 오직 오늘만을 즐기자는 식의 태도는 곤란합니다. 개미와 베짱이 이야기가 우리에게 가르쳐주는 지혜처럼요.

최근에는 '파이어족'이라는 말이 유행합니다. 파이어(FIRE, Financial Independence Retire Early)는 젊어서 허리띠를 졸라 절약해서 돈을 많이 벌고, 일찍 은퇴해서 삶을 즐기자는 뜻입니다. 파이어족은 돈을 많이 벌 때조차 악착같이 절약하고 저축합니다. 일하지 않아도 삶을 즐길 수 있을 만큼의 돈을 모으는 목표를 이루면 은퇴하여 비로소 세계 여행이나 유명한 휴양지에서 즐기며 살겠다는 것입니다. 미래의 안락한 삶을 위해 현재의 욕망을 억누르는 것이죠. 현재의 행복을 더 중요하게 생각하는 욜로 라이프스타일과는 정반대라고 할 수 있습니다. 욜로와 파이어는 딜레마 같습니다. 현재와 미래, 어느 것이 우리에게 더 중요할까요?

인간, 미래를 품고 오늘을 산다

인간이 다른 존재자와 다른 것 가운데 하나는 미래를 예측하는 능력이 무척 발달했다는 점입니다. 개미만이 아니라 다람쥐도 겨울을 대비해 열심히 먹이를 모아둡니다. 동물이 미래를 대비하는 행동은 대개 본능이 시켜서입니다. 하지만 인간은 다르죠. 인간은 본능의 명령을 거부할 수 있는 존재입니다. 건강을 위한 다이어트를 생각해보세요. 맛있는 음식이 주변에 얼마나 많습니까? 또 텔레비전 먹방 프로그램들은 맛있는 음식을 먹는 일이야말로 인생을 즐기는 것처럼 묘사합니다. 그런 본능의 유혹을 참아내고 다이어트를 하는 이유는 미래를 생각해서죠. 그저 맛있는 음식을 많이 먹기만 하고 운동을 게을리하면 비만은 물론이고 다른 병에도 걸리기 쉬운 상태가 됩니다. 건강 때문에 자신이 하고 싶은 일을 할 수 없을 때 비로소 마음먹게 됩니다. '이러면 안 될 것 같아! 나중에 내가 진짜로 하고 싶은 일을 할 수 없을지 모르니까. 이제 운동을 해야겠다!' 미래를 내다보면 현재의 욕망을 통제하고 행동을 조절할 수 있습니다. 이런 지적 특성이 바로 인간다움의 한 조건입니다.

독일의 철학자 마르틴 하이데거는 몸은 현재를 살지만 생각은 미래로 나아가는, 이런 특성이 바로 인간의 조건이라고 말합니다. 그에 따르면 우리의 현재는 과거와 미래가 끊임없이 교차하는 순간들입니다. 뭔가를 결정하고 선택해 행동하는 순간은 분명 현재이죠. 그런데 이런 선택과 행동의 동기는 과거로부터 오기도 하고 미래로부터 오기도 합니다. 약속 시간을 지키려 서둘러 뛰어가는 것은 어제의 약속 때문이고, 오늘 꼭 그 사람을 만나야 하는 것은 내 미래를 위해서이기 때문입니다.

특히 인간은 아직 오지 않은 미래를 늘 가슴에 품고 사는 존재입니다. 우리 각자가 가진 희망이나 꿈이 바로 그런 인간의 특성을 잘 보여주는데요. 희망과 꿈이 있다면, 이를 이루기 위해 현재의 내가 무엇을 해야 할지 선택하고 결정할 수 있기 때문입니다. 현재의 고단한 생활을 견디게 해주는 힘 역시 우리가 미래를 꿈꾸고 있어서입니다.

실존, 존재의 의미를 묻는 존재자

마르틴 하이데거
Martin Heidegger, 1889~1976

•인간은 자신의 존재 의미를 묻는 유일한 존재자이다

낯선 곳에서 낯선 사람들 사이에 있을 때를 생각해봅시다. 그들은 당신을 마치 없는 사람처럼 대할지 모릅니다. 그때 어떤 기분이 들까요? '이게 뭐지, 나는 여기서 뭘까?' 이런 생각은 자신의 존재 의미를 묻는 것입니다. 마르틴 하이데거는 자신의 존재 의미를 묻는 삶이 바로 인간의 삶이라고 합니다. 그리고 자신의 존재 의미를 묻는 인간을 가리켜 '현존재' 혹은 '실존'이라고 부릅니다.

• 현재 속에 미래가 들어와 있다

존재의 의미는 그 존재자의 부재, 즉 해당 존재자가 없을 때 분명하게 드러납니다. 우리는 가까운 친구를 함부로 대할 때가 있습니다. 그러다 그 친구가 먼 곳으로 떠나 곁에 없을 때 비로소 그가 어떤 의미인지를 깨닫게 됩니다. 일상의 소중한 것들이 대개 그렇습니다. 내가 원할 때 언제든 옆에 있어서 중요한지 몰랐다가 부재로 인해 그것의 중요함을 깨닫는 것이죠.

우리에게 오늘은 그저 하루일뿐이죠. 오늘 뭔가를 못 했다면 내일 하면 됩니다. 그런데 만약 내일 혜성이 날아와 지구와 충돌한다고 생각해봅시다. 오늘 못 한 일을 내일 할 수 있나요? 그래서 하이데거는 열심히 산다는 것은 마치 죽음이 가까이 다가와 있듯이 현재의 순간에 최선을 다하는 삶이라고 말합니다. 그렇다면 미래는 어떨까요? 하이데거에 따르면 현재 속에는 언제나 미래가 끼어 들어와 있습니다. 따라서 현재에 최선을 다한다는 것은 곧 미래를 향해 우리가 뭔가를 하고 있다는 뜻이죠. 우리에게 주어진 매 순간순간을 열심히 사는 것이 바로 우리 자신을 매일매일 만들어가는 과정입니다.

들리는 모든 이야기가
다 진실은 아니다

엄마와 늑대

어느 이른 아침, 배고픈 늑대 한 마리가 마을 끝자락에 있는 작은 오두막집으로 살금살금 다가가고 있었습니다. 창밖으로 아기 우는 소리가 새어 나왔고, 아기 울음을 멈추려는 엄마의 목소리도 들렸습니다.

"쉬, 쉬, 아가, 울지 말렴. 그렇게 자꾸 울면 늑대한테 보내버릴 거야!"

늑대는 그 말을 듣고 놀랐지만 혹시나 하고 기대를 했죠. 그래서 창문 아래 쭈그리고 앉아 엄마가 아기를 자기에게 주기만을 기다렸습니다. 하지만 아무리 기다려도 소용이 없었습니다. 그렇게 하루가 가고 밤이 되자 다시 창문 밖으로 엄마의 목소리가 들렸습니다. 그것은 엄마가 아기에게 불러주는 자장가 소리였습니다.

"아가, 아가, 우리 아가. 늑대는 널 해치지 못해. 아무렴, 아무렴 안 되지! 아빠가 널 지켜주신단다. 늑대가 가까이 오면 아빠가 혼내주실 거야!"

그때 일을 나갔던 아빠가 집으로 돌아오면서 창문 아래 있는 늑대를 발견했고, 늑대는 간신히 목숨을 구할 수 있었습니다. 하마터면 개들에게 물려 죽을 뻔했거든요.

팩트 체크, 사실과 해석을 구분하라

'지나친 것은 모자란 것만 못하다'라는 옛말처럼, 정보가 너무 많아 오히려 결정을 내리지 못하는 경우도 있는데, 이를 '데이터 스모그'라고 부릅니다. 스모그는 자동차 배기가스처럼 공해를 뜻하므로, 데이터 스모그는 일종의 공해라고 할 수 있죠. 이 말은 데이비드 솅크(David Shenk)가 자신의 책에서 요즘처럼 정보가 넘쳐날 때, 무엇이 쓸모 있는 정보고 무엇이 나쁜 정보인지를 가려내기 어려운 상황을 가리키기 위해 사용한 개념입니다. 또한 인터넷은 물론이고 다양한 소셜네트워크서비스(SNS)에서 정보가 넘쳐나는 디지털 네트워크 시대에 태어났지만, 정작 중요한 문제에서 어떤 결정을 내려야 할지 모르는 사람들을 가리켜 '결정장애 세대'라고 부르기도 합니다.

똑같은 물건에 대해 누군가는 좋다고 말하고, 또 누군가는 아주 쓸모없다고 말하는 상황 같은 것이죠. 심지어 전문가라고 불리는 사람들도 서로 반대로 판단합니다. 서로 모순되는 정보가 넘쳐나면 어떤 것이 옳은지를 가려내기가 어렵죠. 더 심각한 문제는 그런 정보 중에 가짜 정보도 아주 많다는 점인데요. 한국뿐 아니라 전 세계적으로 '가짜 뉴스'가 범람하는 것도 정보과잉 시대의 부작용입니다. 요즘 뉴스에서도 많이 볼 수 있는 '팩트 체크(사실 확인)'가 중요해지는 것도 바로 이런 이유입니다.

이솝 우화 속 배고픈 늑대는 창문 밖으로 들려오는 엄마의 이야기를 철석같이 믿었다가 큰 봉변을 당할 뻔합니다. 물론 인간에게 해를 끼치려던 늑대가 혼이 난 이야기니 통쾌한 구석도 있지만, 늑대 입장에서는 가짜 뉴스에 당한 셈이죠. 이 우화는 우리가 접하는 모든 정보가 언제나 유용한 것은 아니라는 교훈을 줍니다. 오늘날은 정보가 넘쳐나는 세상입니다. 마음먹고 조금만 노력을 기울이면 내가 선택하고 결정해야 하는 일과 관련된 중요한 정보를 찾을 수 있는데요. 하지만 어떤 정보가 내게 필요하고 도움이 되는, 그리고 믿을 만한 정보인지 잘 판단해야 합니다. 이때 사실과 해석을 잘 구별하는 것이 중요합니다.

확증편향, 원하던 정보일수록 더 따져봐야 한다

늑대가 엄마의 이야기를 믿게 된 것은 배고픈 늑대의 욕망과 관련 있습니다. 이렇게 자신이 원하는 것에 도움을 줄 만한 정보는 진실이라 믿고, 그렇지 않은 정보에 대해서는 귀를 기울이지 않는 것을 가리켜 '확증편향'이라고 부릅니다. 늑대는 확증편향에 빠져 엄마가 의미 없이 한 이야기를 진실이라고 믿었죠. 현실은 정반대로 시시각각 위기가 닥쳐오고 있었는데 말입니다.

철학에서도 이런 상황을 경계하는 이야기가 있습니다. 철학자 프랜시스 베이컨은 우리가 어떤 정보를 받아들일 때 실수하지 않도록 경계하기 위해 '우상(idola)'이라는 개념을 사용합니다. 이때 우상은 본받고 싶은 훌륭한 인물이 아니라 잘못된 숭배의 대상이라는 뜻인데요. 베이컨은 우리가 진실이라고 믿는 것이 사실은 거짓일 수 있다는 가능성을 늘 열어두어야 한다고 말합니다. 이런 잘못된 믿음을 베이컨은 우상이라고 말한 것이죠. 우화 속 배고픈 늑대처럼 내가 원하는 정보가 더 크게 보이고, 더 크게 들리기 마련입니다. 그래서 자꾸만 내 귀에 달콤한 정보만을 믿죠. 그래서 자신의 삶에서 중요한 결정일수록 더 조심하고 신중해야 합니다.

베이컨이 살던 시대의 유럽은 오늘날의 상황과 비슷했습니다. 그때는 우리가 르네상스라고 부르는 시대인데요. 새로운 땅이 발견되고, 새로운 지식과 정보가 넘쳐날 때였습니다. 베이컨은 그렇게 쏟아지는 지식과 정보 중에서 옳은 것과 그른 것을 잘 가려내는 일이야말로 인간이 가진 놀라운 힘, 즉 지성을 잘 사용하는 방법이라고 믿었습니다.

과거의 지식과 경험을 잘 활용하는 귀납법

베이컨은 우리가 어떻게 지식과 정보를 다루어야 하는지

에 대해 귀납법이라는 방법을 소개한 사람이기도 합니다. 귀납법은 크게 말해서 과거의 지식과 경험을 토대로 판단하는 방법을 말하는데요. 과거의 경험은 우리가 어떤 문제에 대해 판단할 때 중요한 역할을 합니다. 물론 오로지 과거의 경험에만 의지하면 새로운 생각이나 시도를 할 수 없으므로 문제가 되기도 하지만, 그럼에도 경험은 문제를 해결하는 데 아주 중요한 길잡이 역할을 합니다. 이때 중요한 것은 내가 경험하고 알게 된 것들을 어떻게 잘 정리해두는가입니다. 베이컨은 세상에 떠돌아다니는 말들을 그저 믿지 말고 모두 주의 깊게 관찰하고, 더 나아가 자신이 알게 된 것들을 잘 분류해두는 습관을 강조했습니다.

오류를 피하는 길, 관찰하고 분류하는 습관

뛰어난 탐정이나 형사가 주인공인 영화나 소설을 보면 그들은 한결같이 탁월한 관찰력을 가진 인물로 그려져요. 셜록 홈스는 자기 집을 방문한 여자의 옷차림만 보고도 그녀의 직업이 무엇인지 맞추는데요. 왓슨이 깜짝 놀라며 어떻게 알았냐고 물었을 때, 홈스는 그녀의 옷차림을 잘 관찰한 결과라고 말합니다. 옷차림에서 나타난 신분상의 특성과 유독 소매 끝이 닳아 있는 것 등의 관찰 결과에 자신이 알고 있는 직업과 관련된 정보들을 연결해 그녀가 타이피스트라고 추리해내는 것이죠.

홈스와 같이 관찰하고 정보를 분류하는 일들은 습관입니다. 꼼꼼히 관찰하는 일을 자주 해보고, 정보를 이렇게도 저렇게도 분류해보는 연습을 한 사람만이 정말 필요한 순간에 자신이 아는 것들을 활용할 힘을 가질 수 있습니다. 만약 우화 속 늑대가 평소에 사람과 늑대 사이의 관계가 어떻다는 것을 경험했다면, 그리고 엄마의 자식 사랑이 어떤지를 안다면, 창문 밑에서 자기에게 위기가 올 때까지 기다리지는 않았을 테죠. 늑대는 자신의 욕망에 빠진 나머지 현실을 냉정하게 해석하지 못했습니다. 늑대가 차분히 생각해보았다면, 어떤 늑대도 자기 새끼를 사자에게 주지는 않는다는 사실을 알았을 것입니다.

여기서 슬기로운 독자라면 제 이야기에 뭔가 허점을 발견했을지 모릅니다. 앞에서 베이컨의 우상론을 말하면서 무엇이든 함부로 믿지 말라고 하고는, 바로 뒤에서 평소의 경험이야말로 우리가 믿어야 할 중요한 버팀목이라고 했으니 얼핏 모순처럼 들릴 테니까요. 베이컨이 경고한 우상 중에는 자신의 경험만 믿는 것도 포함되어 있습니다. 따라서 자신의 경험을 믿어야 하는지 아니면 의심해야 하는지 분명하지 않죠. 그런데 그 차이는 이렇습니다. 우리가 함부로 믿지 말아야 할 것은 증거가 분명하지 않은 이야기입니다.

자신의 경험에 대해서도 마찬가지인데요. 증거가 분명한 믿음에 대해 우리는 '정당화'되었다고 말합니다. 베이컨이 말한 우상들은 증거가 없는 '소문'과도 같은 것들입니다. 반면 증거가 충분한 믿음은 우리가 의지할 수 있는 지식이 됩니다. 잘 정당화된 과학적 지식이야말로 바로 그런 것들이죠. 자신이 직접 겪은 경험이라고 하더라도, 그것이 좋은 증거로 정당화된 믿음인지는 언제나 의심해야 합니다.

철학 수업

베이컨의
네 가지 우상

프랜시스 베이컨
Francis Bacon, 1561~1626

'아는 것이 힘이다!'라는 말을 남겨 유명한 영국의 철학자 프랜시스 베이컨은 우리에게 흔히 잘못된 믿음이 생기게 만드는 이유로 네 가지 우상을 말합니다.

• 종족의 우상

인간이기에 인간중심주의적으로 생각하는 것, 예를 들어 자연의 변화를 인간적으로 해석하는 것입니다. 옛날 사람들은 가뭄이나 일식이 일어났을 때, 신이나 자연이 화가 나서 인간에게 재앙을 내린다고 믿었습니다.

•동굴의 우상

개개인이 가진 편견 때문에 올바른 판단을 하지 못하는 상황을 가리킵니다. 우연히 겪은 한 번의 경험을 토대로 다른 사람들에 대해 성급하게 판단을 내리는 것이 이에 속합니다.

•시장의 우상

소문에만 의지해서 판단할 때의 위험을 가리킵니다. 특히 오늘날과 같은 네트워크 사회에서 SNS에 떠돌아다니는 소문을 함부로 믿는 것을 시장의 우상에 빠진 사례라고 할 수 있습니다.

•극장의 우상

권위 있는 사람의 말이라고 무조건 믿을 때 생길 수 있는 오류를 경계하는 말입니다. 전문가의 이야기 중에도 우리가 꼼꼼하게 따져봐야 할 것이 많습니다.

3

이유와 근거를 따져
지성을 사용하는 한 방법

늙은 사자와 여우

늙은 사자 한 마리가 있었습니다. 젊었을 때는 세상에 두려운 것이 없었지만 이제는 늙어 이빨은 물론이고 발톱도 시원찮습니다. 그래서 젊었을 때처럼 사냥할 수 없게 되자 사자는 꾀를 냈습니다. 큰 병이 든 것처럼 꾸며서는 자기가 많이 아픈 것처럼 이웃에게 소문을 내고 동굴에 누워 병문안을 오는 방문객을 기다렸습니다. 사자가 아프다는 이야기를 들은 이웃들이 찾아와 위로의 말을 건넸습니다. 하지만 사자는 자신을 위문하러 온 방문객들을 차례차례 잡아먹었습니다.

여우도 사자가 아프다는 소식을 듣고 병문안을 가기로 했습니다. 하지만 여우는 매우 조심성이 많아서 사자가 있는 동굴에서 멀찌감치 떨어져서 공손하게 안부를 물었습니다. 사자는 자기가 얼마나 아픈지 너스레를 떨더니 잠깐만 가까이 오라고 했습니다. 하지만 영리한 여우는 안전한 거리를 유지하며 사자에게 불러줘서 고맙다는 인사를 건네고는 이렇게 말했습니다.

"이렇게 반갑게 맞이해주니 고맙다고 해야 할지도 모르겠군요. 그런데 궁금한 것이 있는데… 여기 보면 동굴 안으로 들어간 발자국은 있는데, 나온 발자국은 없네요. 저한테 다른 친구들이 어떻게 밖으로 나왔는지 좀 알려주시겠어요?"

이 이야기에서 여우는 사자의 의도가 무엇인지를 짐작했지만 이를 입증해줄 확실한 증거가 없었죠. 다만 조심해야 한다는 마음가짐으로 사자를 방문하는데, 막상 현장에서 주변을 잘 관찰해보니 자기 생각이 옳았음을 뒷받침해줄 증거를 발견합니다. 여러 동물이 동굴 안으로 들어간 것은 분명하지만 나온 발자국이 없었죠. 중요한 의사결정에서 자신의 믿음이나 판단이 옳다는 증거가 있다면 우리는 훨씬 더 자신감 있게 자기 생각을 밀어붙일 수 있습니다. 그래서 신중한 사람들은 자기 생각을 검사해볼 수 있는 증거를 찾곤 합니다. 여우가 사자에게 한 것처럼 말이죠.

〈늑대 이야기〉, 그때는 맞고 지금은 틀리다!

때때로 우리는 충분한 증거가 있음에도 잘못된 믿음을 가질 수 있습니다. 태양이 지구 주위를 돈다는 천동설처럼 지금은 잘못된 믿음으로 판명이 났지만 과거에는 참이라고 여겼던 믿음이 아주 많습니다. 이렇게 아주 많은 지식은 언제든 거짓으로 밝혀질 수 있습니다. 심지어 우리는 이런 말도 합니다. "그때는 맞고 지금은 틀리다!"

유명한 환경윤리가인 알도 레오폴드(Aldo Leopold, 1887~1948)

는 자신의 인생에서 결정적 순간으로 죽어가는 늑대의 눈을 보게 된 때를 꼽습니다. 그전까지 그는 늑대사냥을 하던 사람이었죠. 레오폴드와 동료들은 어느 날 우연히 만난 늑대 가족에게 총을 쏘았고, 그렇게 엄마 늑대가 죽음을 맞이하는 모습을 봅니다. 그때 레오폴드는 늑대의 눈에서 강렬한 초록빛 눈빛이 서서히 꺼져가는 것을 보고 커다란 충격을 받는데요. 그 이후로 그는 늑대사냥을 그만둘 뿐만 아니라 인간중심주의에 저항해 환경운동에 힘씁니다.

당시 레오폴드는 늑대가 사라지면 사슴이 많아져서 사냥꾼들에게 천국이 되리라 믿었습니다. 그런 그가 늑대 가족의 행복한 일상을 깨트리고 마주한 늑대의 꺼져가는 눈빛에서 깨달은 것은 무엇이었을까요?

세계적으로 유명한 미국의 옐로스톤 자연공원에서 있었던 일입니다. 무분별한 늑대사냥으로 늑대가 사라지자 사슴 같은 커다란 초식동물의 수가 급격하게 늘었고, 늘어난 사슴들은 아직 새싹에 불과한 초목까지 모조리 먹어치웠습니다. 늑대가 사라지자 숲이 변하기 시작했고, 숲이 변하자 이제까지 숲에서 삶을 영위하던 작은 동물들에게 커다란 영향이 미치기 시작했죠. 그 영향은 옐로스톤을 가로지르는 강의 형태에까지 영향을 미치기 시작했습니다. 간단히 말해 늑대가 사라지자 옐로스톤의 자연은 죽어가기 시작한 것이죠. 오랜 시간이 지난 후 늑대가 다시 옐로스톤에 돌아오자 커다란 초식동물들의 수가 줄어들면서 숲이 복원되고, 숲이 복원되면서 작은 동물들이 살아났으며, 강과 숲이 다시 살아나면서 자연은 비로소 숨을 쉬기 시작했습니다.

지난 이야기에 나온 베이컨이 살았던 시대는 자연을 인간 삶을 위한 하나의 수단으로 봤습니다. 베이컨이 "아는 것이 힘이다!"라고 말했을 때, 그 힘은 자연을 정복하는 힘을 말합니다. 세상의 일을 인간의 기준으로 판단하지 말라고 경고했지만, 그런 베이컨조차 자연에 대해서는 여전히 어떤 고정관념을 가진 것이죠. 하지만 오늘날 우리는 자연이 오직 인간을 위한 도구가 아님을 압니다. 옛날 사람들에게 늑대는 그저 위험한 짐승이었겠지만, 오늘날 우리는 늑대가 생태계를 유지하는 데 중요한 역할을 맡고 있는 존재임을 압니다. 늑대에 관한 생각, 그때는 맞았지만 지금은 틀립니다.

우리는 알게 모르게 당연하다고 믿는 것들을 토대로 살아갑니다. 사냥하던 레오폴드가 늑대에 대해 가졌던 당연한 생각에서 그 당연함을 벗겨내자 새로운 세상이 보인 것입니다. 내가 당연하다고 생각하는 것도 의심할 수 있는 태도, 언제나 오류를 범할 수 있는 인간이 인간 지성을 올바르게 사용하기 위한 중요한 첫걸음입니다.

나는 생각한다. 그러므로 존재한다

데카르트에 따르면 이런 방법적 회의라는 시험을 견뎌낸 앎이 바로 그 유명한 "나는 생각한다. 그러므로 존재한다(cogito ergo sum)"라는 말입니다. 의심하고 있는(생각하는) 나 자신을 의심하는 것은 불가능하기 때문이죠. 사실은 내가 없을 수 있다고 의심할 수 있는데, 바로 그 의심을 하는 누군가 또한 나이기 때문에 의심하는 내가 있다는 사실 자체는 의심할 수 없다는 것입니다. 데카르트의 이런 사고 실험을 두고 사람들은 근대 철학의 시작이었다고 평가합니다. 데카르트의 실험이 생각의 방향 전환을 가져왔다고 보기 때문이죠. 데카르트 이전까지 사람들이 중요하게 생각한 것은 우리가 알고 있는 것이 '무엇'인지였습니다. 반면 데카르트는 우리가 안다고 믿는 것들에 대해 그걸 '어떻게' 알았는지를 물었습니다. 다시 말해 지식을 획득하는 방법을 묻기 시작한 것입니다.

데카르트는 우리가 믿고 있는 것이 확실한 지식과 문제없이 연결되어 있다면, 그 믿음은 덜 의심스러운 것이라고 할 수 있다고 말합니다. 실제로 데카르트는 '생각하는 내가 존재한다'는 사실의 확실성으로부터 이 세상에 대한 우리의 믿음이 근거가 있다는 것을 차례차례 끌어내는데요. 데카르트의 꿈은 이런 방식으로 우리가 이 세계에 대해 갖는 모든 지식을 체계적으로 정리하는 것이었습니다.

비판 정신, 생각하고 시험해보라!

데카르트의 이런 방법론적 정신은 근대 과학의 기본적인 태도와도 맞닿아 있습니다. 아주 넓은 의미에서 과학적 탐구는 문제를 해결해가는 과정이라고 말할 수 있죠. 우리가 잘 알지 못했던 것들이나 이해하지 못하는 자연 현상은 수수께끼와 같은 문제들입니다. 과학적 탐구는 그런 문제를 푸는 일이고요. 문제를 풀기 위해 우리는 가설을 세웁니다. 가설은 일상적 의미에서 왜 그런 일이 일어나는지, 또 어떤 과정을 거쳐서 그런 일이 일어나는지를 설명해주는 생각입니다.

누군가 '공룡은 왜 멸종했을까?'라는 궁금증이 생겼다고 해봅시다. 그는 이런저런 생각을 통해 공룡이 멸종한 여러 가지 이유를 생각해보겠죠. 여러 생각 중에 어떤 생각은 충분히 근거가 있고, 또 어떤 생각은 근거 없는 막연한 상상도 있을 것입니다. 누군가 당시에 가장 큰 티라노사우루스가 세상의 모든 공룡을 다 잡아먹어서 결국 공룡이 다 멸종했다고 생각한다면, 그것은 근거가 아주 약한 생각이겠죠. 그런데 만약 그가 최후의 티라노사우루스가 지상에 존재하는 모든 공룡을 다 잡아먹었다는 객관적인 '증거'를 찾아낸다면 이야기는 달라집니다. 그러면 우리뿐만 아니라 진화생물학자들도 그 가설을 연구하기 시작하겠죠. 우리의 생각이나 가설은 증거에 의해 시험받습니다. 좋은 증거를 찾아낸다는 것은 시험을 통과할 가능성이 높아졌다는 뜻으로 받아들일 수 있습니다.

우리는 사자와 여우 이야기를 통해서 우리가 막연하게 믿는 것, 혹은 잘 알고 있다고 믿는 것이 정말 '확실한 것'인지를 알기 위해서 어떤 태도를 지녀야 하는가를 생각해볼 수 있습니다. 여우는 데카르트처럼 의심했죠. 사자가 자신에게 해를 끼칠 수 있다는 가능성을 진지하게 받아들인 것입니다. 그리고 자신의 그런 생각이 옳은지 아니면 잘못된 생각인지를 판단하기 위해 사자에게 일종의 증거를 요구했죠. 우리는 자기 자신의 문제나 사회의 문제에 대해서도 똑같은 태도를 취할 수 있습니다. 자기 생각이나 누군가의 생각에 대해 '왜 그런지'를 묻고, 그 증거를 요구할 수 있는데요. 철학에서는 이를 '비판 정신'이라고 말합니다. 누군가의 이야기나 생각을 그냥 받아들이지 않고, 또 내 생각을 그냥 옳다고 믿어버리지 않으며, 그런 생각이 정말 옳은지를 따져 묻는 태도인 비판 정신이야말로 베이컨이 말한 우상들로부터 벗어나는 좋은 방법입니다.

방법적 회의

르네 데카르트
René Descartes, 1596~1650

철학자 르네 데카르트는 결코 거짓이 될 수 없는 지식에 관심을 쏟았습니다. 이는 그가 살았던 시대의 물음이기도 했죠. 앞서 베이컨이 잘못된 믿음을 경계하기 위해 우상론을 말한 것과 마찬가지로, 데카르트 역시 우리가 잘못된 믿음을 가질 때 얼마나 심각한 문제들이 생기는지 잘 알고 있었습니다.

데카르트는 우선 결코 잘못일 수 없는 지식을 찾아내면, 그 지식에 의지해서 하나씩 이 세계에 대한 지식을 늘려갈 수 있다고 생각한 것이죠. 그래서 그는 인간이 가질 수 있는 가장 확실한 지식, 다른 모든 지식을 지탱할 수 있게 해주는 안전한 거점이 될 만한 지식을 찾는 지적 모험을 시작합니다.

데카르트는 그런 모험을 통해 인간을 인간답게 해주는 근거로서 이성을 잘 사용하는 방법이 무엇인지를 탐구한 것입니다. 그렇다면 어떻게 하면 가장 확실한 지식을 찾을 수 있을까요?

• 일단 모든 것을 의심해본다

일반적으로 뭔가를 자주 의심하는 것이 꼭 좋은 일이라고 할 수는 없습니다만, 데카르트의 경우는 가장 확실한 지식을 찾는 방법으로 의심을 선택합니다. 그래서 그는 자신의 의심을 '방법적 회의(의심)'라고 부르는데요. 방법적 회의는 조금이라도 거짓일 가능성이 있는 것은 모두 참이 아니라고 가정합니다. 지금 눈앞에 책상이 있다고 가정해봅시다. 그렇다면 '여기 책상이 있다'는 믿음은 정말 의심하기 어려운 사실입니다. 그러나 원리적으로 내가 보고 있는 책상이 진짜 책상이 아닐 수도 있고, 심지어 내가 실제로는 아무것도 없는데 책상이 있다고 착각할 수도 있죠. 길에서 만난 이가 틀림없이 친구인 줄 알았는데 다른 사람이었거나, 아무것도 없는 사막에서 신기루를 보는 것처럼요. 이렇게 조금이라도 의심의 가능성이 있는 것을 모두 참이 아니라 생각하고, 그것들을 다 배제하는 시험에도 살아남는 것을 찾습니다. 그렇게 찾아진 가장 확실한 지식이 바로 '나는 생각한다. 그러므로 존재한다'였습니다.

2강

때로는 스스로
결정해야 한다

방앗간 주인과 아들, 그리고 당나귀

아주 오래전 어느 날, 나이 많은 방앗간 주인과 아들이 당나귀를 데리고 길을 걷고 있었습니다. 그들은 시장에 가서 당나귀를 팔 요량이었죠. 방앗간 주인과 아들은 천천히 당나귀를 몰고 갔는데, 당나귀를 비싸게 팔기 위해서는 당나귀의 상태가 좋아야 한다고 생각했기 때문입니다. 그렇게 천천히 셋이서 길을 가고 있는데, 그 모습을 본 여행객들이 비웃으며 이렇게 말했습니다.

"아니, 저게 무슨 바보짓이람! 당나귀를 타고 가면 되지. 저렇게 힘들게 걸어가니 말이야."

자신이 웃음거리가 된 것이 창피했던 방앗간 주인은 얼른 아들을 당나귀에 태웠습니다. 그런데 얼마 가지 않아, 이번에는 상인들이 입을 모아 이렇게 말했습니다.

"이게 뭐야! 여보게, 젊은 친구가 나이든 아버지를 공경해야지. 얼른 내리게, 이 사람아! 그리고 아버님을 당나귀로 모시게나!"

사실 방앗간 주인은 그리 피곤하지 않았지만, 상인들이 그렇게 말하니 할 수 없이 아들을 내리게 하고 자기가 당나귀에 올라탔죠. 그러자 상인들이 만족스러운 듯 고개를 끄덕였습니다.

다시 가는데 이번에는 광주리를 이고 채소를 팔러 가는 여자들이 수군거리는 소리가 들렸습니다.

"어휴, 저 못된 영감탱이 같으니라고. 자기는 당나귀에 편히 앉아가고, 불쌍한 아들만 힘들게 걸어가는 거 좀 봐!"

방앗간 주인은 사람들이 수군거리는 소리가 성가셨지만 어쨌든 얼른 아들을 자기 뒤에 태웠습니다.

그렇게 다시 출발하기가 무섭게 이번에는 길에 있던 사람들이 말을 보탰습니다.

"저것 좀 봐! 저건 동물학대야! 말 못 하는 짐승이라고 저렇게 함부로 대해서야 되나!"

"아마 저 불쌍한 짐승을 팔러 가는 길인 것 같은데, 저래서야 당나귀 가죽이나 팔겠구먼!"

방앗간 주인과 아들은 얼른 당나귀에서 내려 당나귀의 다리를 묶고 장대에 매달아서는 지고 가기 시작했습니다. 그러자 이내 그 낯선 광경을 보려고 사람들이 몰려들었습니다.

당나귀는 가뜩이나 거꾸로 매달려 가는 것이 불편한 데다 사람들이 자기를 가리키며 웃고 떠드는 모습에 놀라 몸부림을 치기 시작했습니다. 하필 그때 다리를 건너던 참이었고, 얼마나 몸부림을 쳤는지 당나귀가 장대에서 빠져 강으로 떨어져 떠내려가고 말았습니다.

불쌍한 방앗간 주인은 빈손으로 돌아올 수밖에 없었습니다. 그는 모든 사람을 만족시키려다가는 아무도 만족시킬 수 없다는 걸 알게 되었죠. 어쨌든 팔려던 당나귀는 잃어버린 뒤였습니다.

우리의 삶은 늘 선택의 연속입니다. 그 선택이 우리를 행복하게도 또 불행하게 만들 수도 있습니다. 만약 우리의 선택이 어떤 결과를 낳을지 확실하게 알 수 있다면 얼마나 좋을까요.

이 이야기에서 방앗간 주인에게는 자신만의 생각이 있었습니다. 좋은 값에 팔기 위해 당나귀의 상태를 최상으로 유지하는 것이었죠. 그런데 주변 사람들의 이야기를 듣고는 생각이 흔들립니다. 다른 사람들이 자신을 비웃거나 비난하는 소리가 마음을 불편하게 했기 때문입니다. 사람은 남들이 자신에 대해 하는 말에 민감하기 마련입니다. 누구든 다른 사람에게 잘 보이고 싶은 욕망이 있으니까요. 게다가 다른 사람들이 하는 이야기는 그들 나름대로 이유가 있으니 설득력도 있어 보입니다. 따라서 마음이 흔들리는 것이죠.

분명 다른 사람의 조언을 잘 듣는 것은 중요합니다. 그중에는 틀림없이 자신에게 도움을 줄 만한 이야기가 있으니까요. 그런데 그전에 할 일은 남들의 이야기를 그저 따르기만 하는 것이 아니라, 그 문제에 대해 스스로 생각해 판단의 중심을 잡는 것입니다. 방앗간 주인은 그 중심을 잃어버리고 다른 사람들의 말에 너무 쉽게 흔들렸죠. 중심을 잡기 위해서는 자기 자신에 대한 책임의식이 필요합니다. 즉, 내게 주어진 문제에 대한 최종 판단은 내가 내리고, 그 책임 또한 내 몫이라 생각하는 것입니다. 이를 철학에서는 주체성이라고 말합니다.

아우슈비츠의 비극

독일의 아우슈비츠 강제수용소는 20세기 인류가 겪은 거대한 폭력을 상징하는 장소입니다. 제2차 세계대전을 일으킨 나치스는 아우슈비츠 강제수용소에서 끔찍한 학살을 자행합니다. 좁은 밀실에 무고한 사람들을 가두어놓고 독가스를 넣어 고통스럽게 죽였습니다. 수많은 사람이 그런 끔찍한 범죄의 희생양이 되었는데요. 전쟁이 끝난 후 뉘른베르크에서 재판이 열렸고, 사람들은 어떻게 그런 일이 벌어졌는지 알 수 있었습니다.

재판 과정에서 증인으로 나온 한 사병은 자신이 밀실에 가스를 넣는 스위치를 조작했다고 털어놓았습니다. 검사가 그에게 자신의 행위가 어떤 결과를 낳을지 알고 있었는지를 묻자, 그는 잘 알았지만 군인이므로 명령에 복종할 수밖에 없었다고 증언합니다. 아울러 자신들이 훈련을 받을 때 '생각하지 말고 시키는 대로 하라!'고 배웠다고 말합니다. 자신은 군인이고, 군인은 명령을 따라야 한다는 말로 그들은 죄를 면할 수 있을까요?

법과 질서를 잘 지키는 누군가가 있다고 해봅시다. 늦은 밤 어두운 도로의 횡단보도 앞에서 빨간불이 초록불로 바뀌기를 기다리는데 횡단보도 건너편에 누군가 쓰러져 있는 것을 보았습니다. 자칫하면 지나가는 차가 쓰러져 있는 사람을 칠 수도 있는 상황입니다. 그 사람은 의식이 없는 채로 위험한 상황에 방치되어 있습니다. 빨리 가서 그를 안전한 곳으로 옮기고 구급차를 불러야 할 것 같은데, 도대체 빨간불이 바뀌지를 않습니다. 다행히 늦은 밤이라 그런지 자동차도 오지 않고요. 시시각각 시간은 흐르는데 빨간불은 바뀌지 않고, 다른 횡단보도를 찾자니 너무 멉니다. 그사이에 무슨 사달이 날 것만 같습니다. 법과 질서를 잘 지키고자 애를 쓰는 이 사람은 어떻게 해야 할까요?

때때로 우리는 중요한 결단의 순간을 맞이합니다. 결단을 내려야 한다는 것은 선택해야 한다는 뜻이죠. 아우슈비츠의 군인들은 자신의 행동이 어떤 결과를 초래할지 너무 잘 알고 있었습니다. 아니 그것은 비극적인 결과를 의도한 범죄였습니다. 오늘날 현대 사회에서 가장 중요한 가치 중 하나는 인권입니다. 아우슈비츠 강제수용소의 군인들이 죄 없고 힘없는 사람들의 생명과 인권을 짓밟으면서 아무런 양심의 가책을 느끼지 않았다면, 혹은 가책을 느꼈더라도 너무 쉽게 '이건 어쩔 수 없어!'라면서 생각하기를 포기한 채 기계처럼 행동했다면, 이는 인간다움을 포기한 일입니다.

계몽, 스스로 생각하기

칸트는 계몽이란 무엇인가라는 물음에 대해 '스스로 생각하는 것'이라고 답한 적이 있습니다. 일반적으로 우리는 계몽을 글을 모르는 사람이 글을 깨치거나 미신과 같은 비합리적인 생각에서 벗어나는 것을 뜻한다고 생각하는데요. 칸트가 말하는 계몽은 스스로 생각하는 것이라니, 그게 뭐가 어렵겠는가 하고 생각할 수 있습니다. 하지만 이는 그저 생각한다는 것 이상을 뜻하는 매우 단호한 의미입니다. 칸트에게 스스로 생각한다는 것은 각자가 자신에게 주어진 문제에 대해 스스로 생각하고 그에 따라 행동하며, 그 행동에 대한 책임도 져야 한다는 뜻이죠. 칸트는 이렇게 스스로 판단하고 행동하며 책임지는 사람이야말로 성년, 즉 어른이라고 합니다. 그래서 칸트는 계몽이란 '미성년의 상태에서 벗어나는 것'이라고 말합니다.

칸트는 미성년과 성년을 구분하는 것이 단지 나이의 문제는 아니라고 말합니다. 보통 우리는 성년과 미성년을 나이에 따라 나누지만, 칸트는 보다 근본적인 문제를 던집니다. 칸트가 말하는 미성년의 상태란 어떤 문제에 대해 스스로 답을 내리고 선택하는 것이 아니라 다른 사람들, 예를 들어 후견인이나 보호자와 같은 다른 사람들의 생각을 그저 따르기만 하는 경우를 뜻합니다. 그래서 칸트는 아무리 나이가 많더라도 자기 스스로 판단하고 그에 따라 행동하고 책임지지 않는 사람이라면, 그는 여전히 미성년의 상태를 벗어나지 못한 것이라고 말합니다. 물론 이런 미성년의 상태에서 벗어나기 위해서 제일 먼저 해야 할 일은 스스로 생각하는 일입니다.

결정 장애, 정답만 맞히려 하지 마라

요즘 자주 듣는 말 중 하나가 결정 장애입니다. 문제가 주어졌을 때, 어떤 선택을 해야 할지 판단을 내리지 못하는 사람이 많아졌다는 뜻이죠. 이는 앞서 '엄마와 늑대' 우화에서 말한 것처럼 오늘날의 사회가 데이터 스모그라고 할 정도로 너무 많은 정보가 넘쳐나서 오히려 선택을 방해하기 때문이기도 하지만, 우리 사회가 가진 구조적인 문제이기도 합니다. 한국 청소년들은 학창 시절 내내 정답 맞히는 훈련을 합니다. 대학 입시도, 입사 시험도 정답을 맞히지 못하면 인생에서 엄청 큰 시련을 겪어야 하죠. 한 번 실패해서 다시 회복하기가 어려운 상황이라면 실패에 대한 두려움이 커지고 더더욱 정답에 집착하기 마련입니다. 그런데 누구나 다 아는 것처럼 인생에는 정답이 없습니다. 왜냐하면 모든 이의 삶이 똑같지 않기 때문이죠. 어떤 사람의 인생에서는 정답과도 같은 삶의 방식이라도 다른 사람에게는 전혀 아닐 수 있습니다. 서로 다른 삶의 지향점을 가진 사람들이 모여 사는 다문화 사회일수록 이런 괴리는 점점 더 커집니다.

이런 상황은 우리를 일종의 모순적인 상황 속으로 몰아넣습니다. 한편에서는 창의적이고 자신만의 삶을 살아가는 것이 중요하다고 말하면서, 다른 한편에서는 어떻게든 정답을 찾으라고 말하니까요. 삶의 문제가 정답 없이 열려 있는 문제라면, 결국 중요한 것은 주체성을 갖고 진지하게 자신의 삶을 성찰하는 태도입니다. 그래야 자기 삶에 책임감을 갖고 자기만의 삶을 살아갈 수 있거든요. 많은 사람이 정답을 찾는 시험에 맞춘 대학 입시 위주의 교육이 문제라고 한목소리로 말하는 것도 바로 이 때문입니다.

인간은 환경의 영향을 받는 존재이지만 동시에 그 환경을 바꿀 수 있는 존재이기도 합니다. 개인과 환경 사이의 관계는 일방적인 관계가 아닙니다. 사람들 각각의 생각이 바뀌면 세상이 바뀌고, 그렇게 세상이 변화하면 다시 사람들의 생각이 바뀌기 시작합니다. 무엇이 먼저인가를 따지면서 가만히 멈추어 있는 것보다는 우선 자기 생각을 바꾸는 것으로부터 세상의 변화를 기대할 수 있습니다. 주체적으로 사는 것, 그것이 우리가 자기 자신에게 먼저 요구해야 할 일입니다. 칸트는 이렇게 말합니다. "사페레 아우데(sapere aude)!" 이 말은 '용기를 내서 감히 생각해보라'는 뜻입니다.

자유와 계몽의 시대

임마누엘 칸트
Immanuel Kant, 1724~1804

18세기 유럽을 계몽 시대라고 부릅니다. 독일의 철학자 이마누엘 칸트는 이 계몽 시대의 철학자입니다. 그 시대는 프랑스대혁명과 같은 커다란 사회적 변화들이 일어난 때이기도 합니다. 프랑스대혁명은 귀족과 노예와 같은 신분제를 철폐한 인류 역사에서 몇 안 될 정도로 중요한 정치적 사건인데요. 적어도 법적으로는 모든 사람이 평등하다는 것이 천명되어 새로운 시대가 열렸으니까요. 그런데 이런 새로운 시대에 걸맞게 사람들의 생각이 변하지는 못했습니다. 사람들은 여전히 낡은 과거의 인습에 묶여 있었죠.

• '스스로 생각하기', 자유에 대한 대가

늘 누군가 시키는 대로 하며 살았던 사람을 생각해봅시다. 그의 삶은 노예와 같은 삶이죠. 그런데 이제 그렇게 명령해줄 사람이 없는 상황이 되었습니다. 시키던 사람과 이를 따르던 사람의 신분상의 차별이 없어지고 평등한 세상이 왔습니다. 명령을 따르기만 하던 노예 입장에서 보면 비로소 자유가 생긴 것이죠. 그런데 이 소중한 자유는 하나의 대가를 요구합니다. 스스로 선택하고 결정해야 한다는 것. 오랫동안 자신의 삶을 유지해온 인습을 바꾸는 일은 쉽지 않은 법입니다. 시키는 대로 하던 사람이 스스로 자기 일을 찾으려면 마치 아무도 가보지 않은 길을 처음 가는 것처럼 용기가 필요합니다. 이것이 계몽 시대의 철학자인 칸트가 '스스로 생각하라!'고 요구한 하나의 이유이기도 합니다.

자기 자신을
직시하라

늑대와 그림자

늑대 한 마리가 활기차게 그리고 엄청난 식욕을 느끼며 집을 나섰습니다. 힘차게 뛰어가는데 해가 저물 무렵이라 늑대의 그림자가 커졌죠. 그림자의 모습이 실제 늑대보다 백배는 커진 듯했습니다.

"와우!"

자신의 그림자를 본 늑대가 자랑스럽게 떠들었습니다.

"보라고! 내가 얼마나 큰지. 사자한테 좀 보여줘야겠는걸! 자기가 얼마나 보잘것없는지 말이야! 그리고 누가 왕이 될 자격이 있는지도 따져야겠어. 자기인지 아니면 나인지!"

그런데 이윽고 더 거대한 그림자가 늑대를 완전히 덮어버렸습니다. 늑대는 사자의 한주먹에 나가떨어지고 말았습니다.

영국의 극작가 셰익스피어는 인생을 무대 위의 연극과 같다고 비유했는데요. 주체성은 무대 위 연극의 주인공이 바로 우리 자신이라는 것을 말합니다. 이런 주체성은 근본적으로 자신에 대한 믿음을 전제로 하고요. 그 믿음은 자신에 대한 타인의 시선이나 평가에 좀처럼 흔들리지 않게 해줍니다. 하지만 옛말처럼 과한 것은 모자람만 못할 때도 있죠. 자신에 대한 믿음, 즉 자신감이 과하면 자만이 됩니다. 늑대는 기분 좋게 집을 나섰지만 자기 자신에 대한 평가가 너무 과했습니다. 자신의 실제 모습이 아니라 자신의 그림자를 본모습이라고 생각해버렸는데요. 그 결과는 안타깝게도 파국이었습니다. 자기 자신을 지나치게 과소평가해서 위축된 삶을 사는 것과 마찬가지로 자신을 너무 과대평가하는 것도 현명한 방법은 아닙니다.

우리가 철학에 관해 이야기할 때, 제일 먼저 떠오르는 인물 중 한 사람인 소크라테스가 "너 자신을 알라!"는 옛 그리스의 금언을 평생 가슴에 새기고 살았던 것도 그 때문입니다. 자기 자신에 대해 올바르게 평가하기 위해서는 자신만이 아니라, 우리를 둘러싼 모든 것에 대해서도 그것의 겉모양과 참모습을 제대로 구분할 수 있는 지성의 힘이 필요합니다. 사물의 외양과 본모습의 차이에 대해서는 수많은 철학자가 이야기했지만 그

중에서도 플라톤의 이야기가 가장 으뜸일 것입니다.

이데아, 사물의 참모습을 보라

플라톤은 서양 철학의 전통을 세운 인물로 평가받습니다. 그는 소크라테스의 제자로서 이데아이론으로 유명한데요. 이데아(Idea)는 본래 '이데인(idein)'이라는 말에서 온 개념입니다. 이데인은 '본다'라는 뜻이죠. 우리가 사물을 볼 때는 두 가지 방식으로 볼 수 있습니다. 하나는 감각적인 눈으로, 다른 하나는 정신과 지성의 눈으로 보는 것입니다. 플라톤은 사물의 참모습은 감각의 눈이 아니라 지성의 눈으로 봐야 한다고 말합니다. 이렇게 지성의 눈에 보이는 것을 플라톤은 이데아라고 했죠.

책상을 예로 들어봅시다. 동그란 책상도 네모난 책상도 있고, 다리가 하나일 수도 넷일 수도 있으며, 파랗고 키가 크며 철로 만든 책상, 노랗고 키가 작으며 나무로 만든 책상 등 세상에는 온갖 종류의 책상이 있죠. 우리가 감각의 눈으로 보면 그것들 각각이 모두 다른 것이어야 합니다. 그러나 우리는 그 모든 다른 것을 전부 '책상'이라고 부릅니다. 왜냐하면 그 모든 것이 공통적인 어떤 특성을 갖고 있기 때문이죠. 이런 공통점이 우리가 정신적인 눈으로 본 것이며, 그렇게 보인 것을 플라톤은 이데아라고 부릅니다. 이데아들은 변하지 않습니다. 플라톤이 살았던 시대의 책상이나 우리가 지금 앉아 있는 책상이나 '책상의 이데아'는 같습니다. 물론 그사이에 책상을 만드는 소재가 다양해졌고, 디자인도 아주 다양해졌죠. 플라톤에 따르면 이는 모두 '우연적'인 것들입니다. 반면 우리가 책상 위에 뭔가를 올려놓을 수 있고, 책상 위에서 이런저런 작업을 할 수 있게 해주는 책상의 기능 자체는 변하지 않는 특성, 그런 의미에서 '필연적'인 특성들입니다.

지성의 눈은 훈련하면 할수록 좋아진다

플라톤은 인간이 다른 동물과 다른 것은 감각의 눈만이 아니라 지성의 눈이 있어서 우연적인 특성들로 사물을 판단하는 잘못을 범하지 않을 수 있다는 점이라고 말합니다. 위 이야기에서 늑대는 오직 감각의 눈으로만 사물을 본 대가를 치른 셈이죠. 다른 사람을 평가할 때도 겉모습만 보고 평가한다면 올바른 평가를 내릴 수 없습니다. 물론 겉모습이 중요하지 않다는 말은 아닙니다. 겉모습 역시 사물을 이루는 중요한 부분이므로 소홀히 할 수는 없지만 그보다 더 중요한 것이 있다는 말이죠. 코페르니쿠스의 천동설을 다시 생각해봅시다. 오랫동안 사람들이 태양이 지구 주위를 돈다고 생각했던 것은 감각의 눈으로 세상을 보았기 때문입니다. 우리 눈에는 분명 태양이 움직이고 있으니까요. 하지만 코페르니쿠스는 지성의 눈으로 세상을 보았습니다. 그 결과 지구가 태양 주위를 돌아도 마치 태양이 도는 것처럼 보일 수 있다는 것을 알아냈습니다.

다른 방식으로 생각해보는 창의적인 시선은 우리의 눈을 붙잡고 있는 겉모습으로부터 자유로울 때 비로소 가능해지는데요. 육체의 눈에는 사람마다 시력의 차이가 나듯이, 지성을 사용하는 정신의 눈에도 차이가 있습니다. 어떤 사람은 쉽게 겉모습에 속고, 또 어떤 사람은 겉모습만이 아닌 다른 모습들을 보죠. 육체의 눈과 달리 지성의 눈은 훈련하면 할수록 좋아집니다. 스스로 생각하는 연습은 바로 지성의 눈으로 세상을 보는 훈련을 하는 것입니다.

인간을 인간답게 해주는 본질은 무엇인가?

사물의 참모습을 본다는 것은 객관적으로 본다는 말과도 비슷합니다. 늑대가 자신의 참모습을 제대로 보지 못했던 까닭은 그림자가 자신의 진짜 모습이라고 생각해서죠. 그런데 그림자가 그렇게 커진 것은 그때가 하필 해가 질 무렵이었기 때문입니다. 늑대가 만약 해가 머리 위에 있는 한낮에 자신의 그림자를 보았다면, 늑대는 아주 작은 모습이었겠죠. 이렇게 상황과 때에 따라 사람은 다른 모습이 될 수 있습니다. 이처럼 변화하는 것에서 변화하지 않는 것을 보기 위해서는 무엇이 우리에게 변하는 모습으로 보이게 하는지 그 원인을 생각해봐야 합니다.

늑대가 해 질 녘에 집에서 나선 것과 마찬가지로 사람들은 그때그때 상황에 따라 다른 정체성을 갖습니다. 한 사람은 누군가의 자녀이기도 하고, 누군가의 친구일 수도, 누군가의 부모일 수도 있습니다. 자녀일 때와 친구일 때 혹은 부모일 때, 우리는 서로 다른 모습을 하고 그에 따라 서로 다른 행동을 합니다. 그 이유는 친구일 때와 부모일 때의 역할이 서로 달라서죠. 사람은 혼자 사는 것이 아니므로, 좋은 삶을 살기 위해서는 자신의 역할에 걸맞은 행동을 하는 것이 좋습니다. 따라서 좋은 삶을 살기 위해서는 자신의 역할이 무엇인지를 잘 아는 것이 중요합니다.

흔히 우리는 '무엇무엇답게'라는 말을 씁니다. '친구면 친구답게, 어른이면 어른답게' 행동하라고 말하거나, '사람답게 살고 싶다!'는 말을 듣기도 하죠. 이때 '무엇무엇답게'라는 말에는 그 '무엇'의 본질에 대한 우리의 앎이 감추어져 있습니다. 자동차가 자전거보다 느리다면, 우리는 그 차가 차답지 못하다고 생각할 테고, 볼펜이 제대로 써지지 않는다면 볼펜답지 못하다고 말하죠. 차답지 못한 차나 볼펜답지 못한 볼펜은 결코 좋은 차나 좋은 볼펜일 수 없습니다. 그것들은 모두 본질을 제대로 수행하지 못하는 상황입니다.

플라톤은 우리가 무엇인가를 만드는 경우 그 만들고자 하는 것의 기능과 본질을 제대로 알 때, 그의 표현을 따르면 그것의 이데아를 알 때만이 좋은 것을 만들 수 있다고 말합니다. 구두를 만드는 사람은 구두의 본질을 제대로 알아야 하고, 옷을 만드는 사람은 옷의 본질을 제대로 알아야 좋은 옷과 구두를 만들 수 있죠. 사람에 대해서도 마찬가지의 말을 할 수 있습니다. 훌륭한 디자이너가 있고 훌륭한 정치가가 있듯이 우리는 사람 그 자체, 즉 훌륭한 사람에 대해서도 말할 수 있죠.

훌륭하고 좋은 삶을 살기 위해서 훌륭한 삶의 진짜 모습이 무엇이며, 또 그런 삶의 주체인 사람의 참모습은 무엇일까요? 정말 사람과 똑같이 생긴 인형이 있다고 해봅시다. 우리는 그 인형을 사람이라고 말하지 않죠. 움직이지 않으니까요. 그런데 우리랑 똑같이 생긴 그 인형이 움직일 뿐만 아니라 사람과 대화도 가능하고 감정도 표현하는 로봇이라면 어떨까요? 아마도 여전히 사람이 아니라 로봇이라고 말할 것입니다. 그렇다면 사람을 사람답게 해주는 바로 그 무엇, 그것은 무엇일까요? 이 물음은 오랫동안 철학자들이 고민해온 물음이기도 합니다. 정답을 찾기 힘든 열린 질문이라는 뜻인데요. 그러나 그 문제를 두고 씨름하는 것 자체가 플라톤이 말하는 지성을 훈련하는 한 방법이기도 합니다.

우리가 기하학을
배우는 이유

플라톤
Platon, B.C. 428?~B.C. 347?

플라톤은 제자들을 가르치기 위해 '아카데미아'라는 학교를 세웁니다. 잘 알려진 것처럼 그 학교의 현판에는 '기하학을 모르는 자는 들어오지 말라!'는 말이 쓰여 있었다고 합니다.

•왜 하필 기하학일까?

플라톤에 따르면 기하학은 감각의 눈으로부터 벗어나 자유롭게 지성의 눈을 사용하게 만드는 학문입니다. 직각 삼각형의 외심은 빗변에 있다는 것을 증명하기 위해 삼각형을 종이에 그린다고 합시다. 이때 종이에 그려진 직각 삼각형이 실제로는 직각 삼각형이 아니라 조금 일그러진 삼각형이라고 하더라도 그 문제를 푸는 데는 문제가 없습니다. 우리의 눈은 일그러진 삼각형을 보는 것이 아니니까요. 우리는 지성의 눈으로 일그러진 삼각형을 직각 삼각형이라 간주하고 생각을 이어나갑니다.

따라서 플라톤은 기하학의 증명이 감각의 족쇄로부터 풀려나 지성을 사용하게 만드는 훈련이라는 사실을 강조하기 위해 '기하학을 모르는 자는 들어오지 말라'고 말했죠. 이런 생각의 방식을 추상적 사고라고 하는데, 이것이 익숙해지면 나중에는 삼각형을 종이에 그려볼 필요도 없어집니다. 순수하게 지성의 힘으로만 생각하는 것이죠. 우리가 수학을 배우는 이유가 바로 지성의 힘을 기르기 위해서입니다.

6

상상력이야말로
인간의 힘이다

우유 짜는 소녀와 들통

우유 짜는 소녀가 있었습니다. 그날도 우유를 짜서 들통에 가득 담고는 늘 그렇듯이 소녀는 들통을 머리에 이었습니다. 비록 들통이 무거웠지만 멋지게 산들산들 걸었습니다. 그때 머릿속에서 온갖 상상이 떠올랐습니다.

"이 신선한 우유로 버터를 만들어 그걸 시장에 내다 팔 거야. 그리고 그 돈으로 암탉을 사야겠어. 암탉은 알을 많이 낳을 테고, 그럼 마당이 병아리들로 북적대겠지. 시간이 지나 병아리들이 닭이 되면 다 팔아서 아주 예쁜 드레스를 살 거야. 그럼 사내들이 사귀자고 줄을 서겠지. 그러면 도도하게 '됐어요!'라고 말해야지."

소녀는 그런 생각에 빠져 도도하게 고개를 들었습니다. 그때 휘청하며 머리에 인 들통이 땅에 떨어지고 말았습니다. 물론 우유는 땅에 다 스며들었고요. 버터와 계란과 병아리와 새 드레스는 물론이고, 소녀의 자부심도 다 사라지고 말았습니다.

다양한 문제해결 능력을 가진 인간

이 우화에는 인간이 지성을 사용하는 독특한 능력에 관한 이야기가 숨겨져 있습니다. 사실 상징을 사용할 수 있는 인간의 능력은 인류 문명의 발전에서 결정적인 역할을 했습니다. 소녀는 머릿속에서 하나의 세상을 그려봅니다. 그 세상 속에서 우유가 버터로 변하고, 버터는 다시 병아리로, 병아리는 닭이 되죠. 이런 과정을 거쳐 소녀는 예쁜 옷이라는 본래의 목표에 도달합니다. 소녀는 머릿속에서 앞으로 일이 어떻게 진행될지 시뮬레이션해본 것이죠.

누군가 이런 문제를 냈다고 생각해봅시다. "여기 우유가 있다. 이 우유로 예쁜 옷을 만들어보라!" 만약 정말 우유로 옷을 만들려고 한다면, 그것은 마법이 필요한 일이죠. 하지만 소녀의 머릿속 계획이 잘 실행된다면, 시간이 좀 걸리겠지만 우유가 옷으로 바뀌었다고 말할 수 있습니다. 인간은 보이는 것에서 보이지 않는 것을 보는 능력을 발전시켜왔거든요. 그래서 소녀는 우유에서 예쁜 옷을 본 것입니다.

언어 사용, 인간과 다른 동물을 가르다

프랑스의 생화학자였던 자크 모노(Jacques Monod, 1910~1976)는 인류가 오늘날과 같은 놀라운 문명을 이루게 된 것은 뇌가 진화하면서 시뮬레이션 능력을 발전시켰기 때문이라고 말합니다. 먼저 머릿속으로 일이 어떻게 진행될지를 상상해보는 과정이 문제해결력을 높여줍니다. 진화는 간단히 말해 한 생명이 자연이 던져준 문제들을 풀어가는 과정이라고 할 수 있습니다. 대를 이어가면서 그 문제들을 풀어가는 것이죠. 만약 어떤 생물 종이 그 문제 풀이에 실패한다면 결과적으로 멸종에 이르게 될 것입니다.

모노는 이렇게 이야기합니다. 선조들이 함께 사냥을 나가면, 이때 전략이 필요합니다. 목표물이 어떻게 움직일지를 예측하지 못하면 사냥에 실패하는 것은 물론이고 목숨을 잃을 위험에 처하기 때문입니다. 그럼 단박에 인류만이 아니라 집단으로 사냥하는 동물들 역시 시뮬레이션 능력을 가졌다고 봐야 하지 않을까 하는 의문이 듭니다. 사자나 늑대도 사냥할 때 작전을 쓰니까요. 적어도 사냥을 위한 전략 시뮬레이션에 제한한다면 분명 비슷한 구석이 있다고 할 수 있습니다. 그런데 인류는 사자나 늑대와는 질적으로 다른 시뮬레이션 능력을 발전시켰습니다. 그 차이는 언어의 사용에서 비롯합니다.

'사과' 하면 떠오르는 이미지가 있습니다. 나무에 매달린 과일을 떠올릴 수 있습니다. 사자라고 말할 때도 마찬가지겠죠. 그것은 그림으로 표현하지 않고 문자로 표현할 때도 마찬가지인데요. 이렇게 우리가 어떤 상징을 통해 이 세계의 대상들을 가리키는 지적 작용을 의미론이라고 부릅니다. 사과라는 단어를 실제 사과에 연결하는 작용 같은 것입니다. 집단(사회)생활을 하는 인류는 언어라는 아주 추상적인 상징을 사용함으로써 동료들에게 이 세계에 관해 자신이 알고 있는 모든 정보를 아주 상세하고 정확하게 전달할 수 있는 수단을 마련했습니다. 게다가 문자라는 언어는 그 정보들을 계속 누적시켜 거대한 지식 저장고를 가능하게 했죠. 새로운 세대는 그 저장고에서 언제든 필요한 정보를 꺼내고, 새로운 정보를 채워 넣을 수도 있습니다. 지식과 정보의 생산과 사용에서 추상적인 언어를 사용하지 못하는 다른 생물 종들과는 질적으로 차이가 나는 능력을 가진 것입니다.

알파고 충격, 기계가 세상을 지배한다?

2016년 3월, 세상 사람들이 깜짝 놀랄 만한 사건이 일어났습니다. 구글의 인공지능 알파고가 이세돌 9단과의 바둑 대결에서 완승해서였죠. 바둑에서 9단은 입신의 경지라고 합니다. 사람들은 애초에 아무리 뛰어난 기계 지능이라도 바둑에서 인간을 이기기는 어려울 것이라 예상했습니다. 바둑에는 수많은 전략과 너무 많은 변수가 있으니까요. 상대가 어떻게 두느냐에 따라 매 순간 승부의 확률이 바뀝니다. 많은 경우의 수들이 빚어내는 확률을 계산하는 데는 시간이 필요하므로, 제한 시간 안에 다음 수를 두어야 하는 바둑에서만큼은 기계가 인간을 따라오기 멀었다고 생각했죠. 그런데 막상 뚜껑을 열어보니 오히려 이세돌 9단이 한 판을 이긴 것이 대단해 보이는 상황이었습니다. 흥미로운 사실은 알파고를 만든 사람들조차 알파고가 그렇게 바둑을 잘하리라고 예상하지 못했다는 것입니다.

최근 기계 지능의 발전 속도는 상상을 초월할 정도입니다. 바둑의 경우에는 이미 인간의 한계를 뛰어넘었고, 다른 영역들에 도전하는 중이죠. 그렇다면 조만간 기계가 인간 지능을 뛰어넘을 수 있지 않을까 걱정이 됩니다. SF 영화에 나오는 암울한 미래처럼 기계가 인간을 지배하는 세상이 오지 않을까 하는 걱정이죠. 얼마 전에 세상을 떠난 스티븐 호킹처럼 유명한 물리학자가 미래를 걱정하며 경고한 적도 있으니 그런 상상이 아주 터무니없다고 보기에는 찜찜합니다. 그런데 사실 걱정해야 할 일은 따로 있는데요. 기계가 너무 뛰어나서 인간을 지배하는 것이 아니라, 우리 스스로가 기계에 복종해버리는 상황입니다. 결과는 같지만 그 의미는 정반대입니다.

상상하고 생각하기를 멈춘다면
확실히 기계 지능은 인간의 자연 지능이 계산할 수 있는 능력을 뛰어넘습니다. 그래서 종종 우리는 기계를 신뢰합니다. 기계가 내리는 판단을 믿는 것이죠. 실제로 기계는 판단하지 않습니다. 그저 계산할 뿐입니다. 다만 그 계산의 결과가 우리가 판단을 내리는 것처럼 보일 뿐입니다. 어쨌든 복잡한 상황에서 인간보다 더 정확하고 빠르게 계산한다는 점은 분명하므로, 우리는 자꾸만 기계에 의존할 수 있습니다. 그러다 보면 앞서 이야기한 것처럼 스스로 생각하는 일을 멈출 수도 있지 않을까요. 그저 기계 지능이 하라는 대로 하는 것입니다. 기계 지능이 검색을 통해 맛집이라고 말하면 맛이 없다고 느껴도 내 취향에 문제가 있나보다 하면서 먹습니다. 기계가 '이렇게 결정하는 것이 합리적이다'라고 하면 그렇게 결정해버리고요. 앞선 이야기에서 칸트가 말한 스스로 생각하기를 포기하는 상황, 즉 복잡한 생각을 하지 않아도 되어 편한 상황에 나를 맡겨버리는 것, 바로 이런 상황이 인류의 미래에 대한 위협입니다.

알파고와 바둑을 두는 사람의 차이는 분명합니다. 비록 알파고가 수 계산은 정확할지 몰라도, 그 바둑이 뭘 의미하는지는 생각하지 않습니다. 하지만 바둑을 두면서 사람들은 한 수 한 수 놓는 바둑돌에서 장수들과 병사들을 생각합니다. 마치 《삼국지》에 나오는 관우나 조자룡, 또 여포 같은 사람들을 상상하는 것이죠. 그러면서 사람들은 인생을 생각하고 삶의 의미를 배우기도 합니다. 인간은 바둑판에서 인생을 보지만 기계는 그렇지 않습니다. 인간은 상상하고, 그저 눈으로 보이는 것 너머에 보이지 않는 것을 볼 수 있지만, 기계는 그저 계산만 합니다. 그러나 인간이 상상하고 생각하기를 멈춘다면, 기계 없이는 살 수 없는 존재가 되어버릴지도 모릅니다.

문화, 인간 존재가 무엇인가에 답하다

인간의 상상력이 발전할 수 있었던 이유는 의미론적 능력이 발전해서입니다. 지도를 보면서 그곳에 있는 것처럼 상상하거나 소설을 읽으면서 자신이 주인공인 것처럼 느끼는 것이 바로 이런 의미론적 능력을 발전시킨 결과입니다. 이런 상상력은 인간이 문화를 발전시키는 원동력입니다. 철학자 에른스트 카시러(Ernst Cassirer, 1874~1945)는 인간을 문화적 존재로 규정합니다. 그리고 인간이 문화를 발전시킬 수 있었던 힘은 상징을 자유롭게 사용할 수 있기 때문이라고 말합니다. 그림이나 문자, 숫자, 음표, 나아가 디지털 기호에 이르기까지 우리는 온갖 상징들을 사용해 세상을 그려냅니다. 그렇게 상징을 통해 묘사된 세계는 인간 지성이 온갖 시뮬레이션을 해볼 수 있는 세계이기도 합니다. 우유가 잔뜩 든 들통을 머리에 인 채 머릿속에서는 온갖 상상의 나래를 펼친, 약간은 허영심도 있어 보이는 소녀의 이야기는 인간이 어떤 존재인지를 설명해줍니다.

상징과 문화에 관해 이야기하면서 카시러는 중요한 생각거리를 던집니다. 이런 상징적이고 문화적인 활동의 목적이 무엇일까 하는 것입니다. 문화는 인간이 자신이 사는 세계와 관계하면서 만들어내는 모든 것이죠. 이런 문화적 산물 중에는 집도 자동차도 알파고와 같은 놀라운 기계 지능도 있습니다. 우리가 생산해내는 문화적 산물은 이 세계를 묘사하기도 하고, 우리의 삶을 편안하게 만들어주기도 합니다. 물론 예술처럼 인간의 감정을 표현하거나 감동을 주기도 하고요. 아주 넓게 말해서 문화를 통해 우리는 이 세계를 경험하고 이해합니다. 그런데 문화적 활동의 목적이 이 세계를 이해하고 경험하는 것만일까요? 카시러는 분명 우리가 사는 세계를 이해하고자 하는 것이 문화적 활동의 목적이기는 하지만, 그것이 전부는 아니라고 말합니다. 오히려 우리는 문화를 통해 우리 자신을 이해하고자 한다고 말합니다. 인간이란 무엇인가라는 물음에 대답하려고 한다는 것이죠.

통 속의 뇌

매트릭스 안에서 살아가는 인간

• 영화 〈매트릭스〉와 진짜 삶

1999년에 개봉해 어느덧 SF 영화의 고전이 된 〈매트릭스〉는 인간이 진정한 삶을 포기한 채 일종의 시뮬레이션된 세상인 매트릭스 안에서 살아간다는 설정으로 시작합니다. 이렇게 가상현실에서 살아가는 대가로 인간은 자신의 생체 에너지를 거대한 기계 시스템에 제공하는데, 그 모습은 매우 충격적입니다. 커다란 인큐베이터 안에 갇혀 잠을 자는 상태로 생체 에너지를 제공하고 대신에 화려한 가상현실 속에서 살아가니까요. 도대체 어떤 삶이 진짜일까요? 기계에 에너지를 제공하며 잠들어 있는 육체가 진짜 삶일까요? 아니면 가상현실 속에서 살아가는 모습이 진짜 삶일까요?

• 통 속의 뇌

철학에서는 이미 오래전부터 이런 종류의 문제를 다루었습니다. '통 속의 뇌'라는 사고 실험이 대표적인데요. 우리가 이 세상을 경험할 때 느끼는 모든 감각과 그에 따른 판단은 뇌에서 일어나는 작용입니다. 통 속의 뇌는 이런 사실을 토대로 구성된 사고 실험입니다.

어떤 미치광이 과학자가 뇌에 컴퓨터를 연결해 그 뇌로 하여금 이 세상에 사는 것처럼 감각을 조종한다면, 그 뇌는 자신을 무엇이라고 생각할까 하는 건데요. 의자에 앉아 있을 때 엉덩이에 느껴지는 촉감, 손에 느끼지는 책의 감촉, 글자를 읽을 때의 시각 자료, 귀에 들리는 음악 소리 등 모든 감각을 그 뇌에게 제공합니다. 그리고 뇌에게 묻습니다. "당신은 누구십니까?" 그러면 그 뇌는 뭐라 대답할까요? 그런데 이런 사고 실험과 그에 따른 온갖 상상을 하는 우리 자신이 혹시 통 속의 뇌는 아닐까요?

호모파베르,
도구를 사용할 줄 안다는 것은

까마귀와 물병

말 그대로 완전히 메마른 날씨였습니다. 새들도 마실 물을 찾기가 어려운 날, 몹시 목이 마른 까마귀 한 마리가 물병을 발견했습니다. 물병에는 다행히 물이 조금 남아 있었습니다. 하지만 병목이 좁고 긴 탓에 까마귀가 아무리 애를 써도 물을 마실 수가 없었습니다. 까마귀는 곧 목이 말라 죽을 것만 같았죠.

바로 그때 아이디어가 떠올랐습니다. 까마귀는 조그만 자갈을 물어와 물병 속에 차례차례 넣기 시작했습니다. 자갈이 들어가자 물은 조금씩 차 오르기 시작했고, 마침내 까마귀는 물을 마시고 갈증을 풀 수 있었습니다.

위 이야기에서 까마귀는 목마름을 해결해야 했습니다. 실제로 까마귀는 지능이 매우 높아서 문제해결력이 뛰어난 새입니다. 까마귀는 조그마한 조약돌을 도구로 이용해 병 속 물의 수위를 높여 갈증을 해소했는데요. 인류의 조상 역시 까마귀와 비슷하게 주변의 자연물을 도구로 썼을 것입니다. 그러나 인류의 조상은 단지 있는 그대로의 도구를 활용하는 것을 넘어 도구를 변형하고 제작했죠. 그리고 그 과정은 마침내 자연에 존재하지 않는 도구를 만드는 데까지 이릅니다.

인류 문명사를 보면 어떤 도구의 등장은 그 이전 시대와 이후 시대를 구분하는 역할을 합니다. 석기, 청동기, 철기 시대라는 구분이 그렇습니다. 돌로 도구를 만드느냐 아니면 철로 만드느냐에 따라 시대를 구분한 것이죠. 문자의 발명도 마찬가지입니다. 문자가 발명되기 이전을 선사시대라고 부르고 문자가 발명된 이후를 역사시대라고 부르니까요. 증기기관의 발명으로 시작된 산업혁명이나 인터넷을 가능하게 한 디지털 기술의 발전도 마찬가지 관점에서 이야기할 수 있습니다. 어떤 도구의 발명이 시대 구분에 쓰인다는 것은 그 도구가 가진 중요성을 단적으로 말해줍니다.

고대 그리스의 철학자 플라톤이 남긴 대화편 《파이드로스

(Phaidros)》에는 이집트의 타무스 왕과 발명의 신 테우트가 주고받은 이야기가 실려 있습니다. 테우트는 수와 기하학을 비롯해 수많은 것을 고안해낸 신입니다. 그런 발명 중에는 문자도 있습니다. 테우트는 자신이 발명한 문자를 타무스 왕에게 이렇게 자랑합니다. "왕이시여, 이 배움은 이집트인들을 더 지혜롭게 하고 기억력을 늘려줄 것이오. 기억과 지혜의 약이 발견된 것이죠." 테우스의 설명에 대하여 타무스왕은 이렇게 대답합니다. "기술이 탁월한 테우트여, 어떤 사람은 기술을 발명하지만 어떤 사람은 그 기술이 주는 이익과 해로움을 판단할 수 있소. 지금 그대는 문자의 아버지로서 문자를 위하는 마음 탓에 그 문자가 발휘하는 능력과는 반대를 말하고 있소. 문자를 습득한 사람들은 문자에 대한 신뢰로 인해 외부의 표시에 의해 기억을 떠올리지, 내부로부터 자신들 스스로가 기억해내려고 하지는 않을 것이기 때문이오." 타무스 왕은 사람들이 기억해야만 하는 것을 문자로 기록해두면 기억하려고 애쓸 필요가 없어지므로 오히려 기억력이 떨어진다고 지적하는 것이죠.

인간이 발명한 도구가 인간을 바꾼다

생태철학자인 한스 요나스(Hans Jonas, 1903~1993)는 인류의 도구 제작능력이 유용성과 위험성을 모두 가진 힘이라는 사실을 잘 보여주었습니다. 진화생물학적 의미에서 인류를 '호모사피엔스(homo sapiens)'라고 분류합니다. 사피엔스라는 말은 생각한다는 뜻이죠. 앞선 이야기에서도 말했지만, 오랫동안 우리는 인간의 인간다움은 생각하는 능력에서 온다고 보았습니다. 플라톤은 물론이고, 데카르트 역시 그랬으며, 대부분의 서양 철학자들이 인간의 지적 능력을 높게 평가했습니다. 그런데 요나스는 그런 전통을 다시 생각해보자고 말합니다. 그에 따르면 인간을 생각하는 존재로 규정하는 것은 뭔가 부족합니다.

오늘날의 인류 문명을 고려할 때 인간을 더 잘 규정할 수 있는 특징은 도구를 만드는 존재라는 것이죠. 그래서 그는 호모사피엔스가 아니라 '호모파베르(homo faber)'가 인간을 더 잘 설명해주는 개념이라고 말합니다. 파베르라는 말은 도구를 만든다는 뜻입니다. 물론 도구 제작은 생각하는 능력 없이는 불가능하므로, 인간을 생각하는 존재로 규정하거나 도구를 만드는 존재로 규정하거나 큰 차이는 없죠. 그러나 요나스는 이런 이야기를 통해 강조하고 싶은 것이 있었습니다.

기술 문명의 발전이 인류 삶에 기여한 것을 넘어 지구 생태계 전체를 위협하기 시작했으니까요. 원래 기술이나 도구의 발명은 우리가 사는 터전에서 더 좋은 삶을 살기 위해서입니다. 그런데 어느 순간 그런 도구들이 우리의 통제력을 벗어나기 시작했죠. 까마귀가 물을 먹기 위해 조약돌을 이용하는 것과 전깃불을 켜고 스마트폰을 충전하기 위해 원자력 발전소를 세우는 것은 근본적으로 다릅니다. 지구상에 있는 핵폭탄을 동시에 터뜨리면 어떤 일이 생길까요? 전쟁으로 그런 끔찍한 일이 생길 수도 있다고 상상해봅시다. 그러면 지구는 완전히 폐허가 되겠죠. 아니면 강력한 지진으로 수많은 원자력 발전소에서 방사능이 누출되는 사고가 일어났다고 상상해보세요. 온갖 지역에서 수많은 생명체가 죽어갈 것입니다. 인류 역시 마찬가지 운명에 처하겠죠.

유토피아와 책임의 윤리

요나스는 단지 무기의 문제만이 아니라 인류 문명을 지탱하고 있는 수많은 도구가 우리가 사는 지구 생태계를 위협한다고 말합니다. 요즘 전 세계적으로 환경 위기가 심각합니다. 우리도 미세먼지 때문에 고통 받고, 지구온난화는 지구 곳곳에서 기상 이변을 낳고 있습니다. 거리를 메운 자동차의 매연, 공장 굴뚝에서 솟아오르는 연기 등은 인류가 자연환경에 얼마나 커다란 위협을 가하는지 보여줍니다.

많은 사람이 간단하게 먹을 수 있는 햄버거를 좋아하는데요. 햄버거 패티를 만들기 위해서는 소를 많이 길러야 합니다. 많은 소를 기르기 위해서는 더 넓은 목초지가 필요하고요. 그 풀밭을 만들기 위해서 엄청난 수의 나무들이 사라지고 있습니다. 나무가 사라지면 이산화탄소를 제대로 처리할 수 없고, 지구는 점점 더워집니다. 기온 상승으로 사람들은 점점 더 에어컨을 켜고 전기가 모자라니 발전소를 더 짓고, 그렇게 지구는 점점 더 망가져갑니다. 요나스가 호모파베르라는 말로 강조하고 싶었던 것은 인류에게 당신들이 지금 무슨 짓을 하는지 반성해보라는 것이었습니다. 인류는 도구를 제작함으로써 더 좋은 삶을 꿈꾸지만 바로 그 도구가 도리어 인류가 살아갈 터전을 망가뜨리고 있는 현실을 보라는 것이죠.

요나스는 이 이야기를 유토피아 이론과 연결합니다. 유토피아는 여러 방식으로 이야기되었습니다만, 한결같이 공통적인 것은 모든 사람이 행복한 삶을 사는 세상입니다. 빈곤이나 불평등이 없는 세상, 누구나 자신이 하고 싶은 일을 하고, 만족스러운 삶을 살 수 있는 세상 말이죠. 유토피아라는 말이 본래 '없는 곳'을 뜻하듯 그런 꿈의 세상은 현실에서는 불가능해 보입니다. 무엇보다 인류는 오랜 세월 자연의 지배 아래 있었습니다. 척박한 환경은 물론이고 빈발하는 자연재해 게다가 전염병과 같은 재앙은 인간의 힘으로는 어쩔 수 없는, 그래서 창조주의 분노로밖에는 설명할 수 없는 시절이 있었습니다. 그러나 근대 과학이 발전하면서 사정이 바뀌기 시작합니다.

요나스는 그래서 인류가 좀 더 책임의식을 가져야 한다고 말합니다. 그 책임은 미래를 향해 있습니다. 현재의 사람들이 현재의 이익과 편의를 위해 행동하는 것은 미래에 어떤 일들이 벌어질지를 제대로 생각하지 않아서입니다. 이전의 많은 사람이 유토피아를 말한 것은 분명 미래의 세상을 말하는 것이었습니다. 그런데도 요나스는 그런 생각이 실제로 미래를 생각하는 것은 아니라고 합니다. 과학 기술의 발전을 통해 미래의 유토피아를 꿈꾸는 것은 사실 현재 우리가 가진 욕망에서 비롯되었기에 그 미래는 진짜 미래가 아니라 우유 짜는 소녀가 예쁜 옷을 꿈꾸었던 미래와 비슷한 미래입니다. 즉, 현재 우리의 욕망이 만들어낸 미래일 뿐이라는 것이죠. 바로 이런 태도, 현재의 욕망에 충실한 태도가 지난 수백 년 동안 유지되면서 오늘날의 인류가 거대한 위험에 봉착했다는 것이 요나스의 진단입니다. 그러므로 우리가 좀 더 책임감을 갖고 미래의 위험을 직시해야 하며, 요나스는 이런 태도를 '책임의 윤리'라고 부릅니다.

철학 수업

이중효과의
원리와 책임

이중효과의 원리가 적용되는 문제,
딜레마

　　윤리학에는 이중효과의 원리라는 개념이 있습니다. 선한 의
도를 가진 일이라고 하더라도 좋은 결과만 낳지 않고 나쁜 결
과를 가져오기도 합니다. 그런데 더 어려운 것은 그 좋은 결과
와 나쁜 결과가 동시에 일어기도 한다는 것입니다. 두통이 나
서 진통제를 먹었더니, 두통은 사라졌는데(좋은 결과) 두드러
기가 나는 것이죠(나쁜 결과). 이렇게 이중효과가 나타날 때 우
리는 어떻게 행동해야 할까요? 또 선한 의도였다면 그 부작용
이 크더라도 도덕적으로 문제가 없다고 말할 수 있을까요? 이
중효과의 원리는 우리가 일상에서 어떤 행위를 할 때 부딪
칠 수 있는 어려움을 말해주는 개념입니다.

• 트롤리 문제

수많은 사람이 탄 열차(트롤리)가 고장이 나서 그 열차를 멈추게 해야 하는데, 누군가를 희생시키면 그 열차를 서게 만들 수 있다고 해봅시다. 그래서 사람들이 누군가 한 사람을 희생시켜 열차를 멈추게 한다면 그 선택은 도덕적으로 문제가 없을까요? 이중효과의 원리가 적용되는 문제를 딜레마라고 부르기도 합니다. 일반적으로 이중효과의 원리는 다음의 네 가지 기준을 만족하면, 도덕적으로 비난할 수 없는 선택이었다고 말합니다.

① 행위 자체가 도덕적으로 선하거나 최소한 나쁘면 안 된다.

② 예상되는 나쁜 결과가 누군가의 이익이 되어서는 안 된다.

③ 의도가 선해야만 한다. 나쁜 결과는 전혀 의도치 않은 것이어야 한다.

④ 좋은 결과가 나쁜 결과보다 더 큰 가치를 가져야 한다.

첨단 기술을 개발할 때도 비슷한 상황에 처할 수 있습니다. 누군가 좋은 의도로 생명공학 기술을 개발하거나, 아주 지능적인 로봇을 개발할 수 있죠. 그런데 좋은 결과와 더불어 부작용 또한 만만찮게 심각할 수 있습니다. 우리는 선한 의도를 가졌던 개발자에게 책임을 물을 수 있을까요? 만약 우리가 그 개발자이면서 막연하게나마 이중효과를 예상할 수 있다면, 어떤 선택을 해야 할까요?

들어서기 전에
나갈 길을 생각하라

여우와 염소

여우 한 마리가 우물에 빠졌습니다. 그리 깊은 우물은 아니었지만, 여우는 혼자서는 빠져나갈 수 없다는 것을 알았죠. 그렇게 한참의 시간이 흘렀을 때, 목마른 염소 한 마리가 우물을 향해 다가왔습니다. 우물 속 여우를 본 염소는 여우가 물을 먹으러 들어갔다고 생각해 우물물이 먹을 만하냐고 물었습니다.

"세상에서 제일 훌륭한 친구가 오셨군."

여우가 힘차게 대답했습니다.

"이리 들어와 물을 마셔요. 우리 둘이 마시기에 충분하니까."

목이 말랐던 염소는 뛰어 내려와 물을 마시기 시작했습니다. 바로 그때 여우는 얼른 염소의 등으로 뛰어올라 염소 뿔을 도약대 삼아 우물 밖으로 나왔습니다. 그제야 염소는 자기가 곤경에 처했다는 것을 깨달았습니다. 염소는 여우에게 도와달라고 애원했지만 여우는 이미 숲으로 돌아간 뒤였습니다. 여우는 숲을 향해 달려가면서 중얼거렸습니다.

"자네가 그렇게 요령 있는 친구라면 말이야. 우물에 뛰어들기 전에 나갈 길을 먼저 생각했어야지!"

〈여우와 염소〉에서 여우나 염소 모두 너무 목이 말랐기에 전후 사정을 제대로 따져보지 못하고 눈앞의 이익을 선택했죠. 어떤 선택을 하기 전에 충분히 숙고하라는 말은 흘려들어서는 안 됩니다. 그런데 문제는 신중하게 생각하려고 하는데, 무엇을 고민해야 하는지는 분명하지 않다는 점입니다. 〈개미와 베짱이〉 이야기처럼 오늘이 중요한지 아니면 내일이 중요한지 따져보려고 하는데, 뭘 어떻게 생각해야 하는지 잘 모른다는 것입니다.

염소가 신중하고 슬기로웠다면 물이 마실 만한지만 묻지 않고, 우물이 어떤 구조인지를 살피고 또 여우에게 어떻게 우물에서 나올 생각인지를 물었을 것입니다. 여우도 나갈 길을 생각하지 않고 뛰어들었지만, 겪고 나서 비로소 교훈을 얻었습니다. 염소의 경우에는 다시 빠져나오기가 쉽지 않아 보여요. 운이 좋아 다른 동물이 우물에 들어와서 여우처럼 빠져나가려고 해도 하필 그 동물이 사자처럼 더 힘세고 위험한 동물일 수도 있고요. 어떤 선택은 쉽게 되돌릴 수 있지만, 결코 되돌리기가 어려운 선택도 있기 마련입니다. 우리 인류는 여우가 말한 것처럼 되돌아 빠져나갈 길을 생각하고 있을까요?

귀여운 토끼가 불러온 재앙

오스트레일리아 땅에서 토끼 문제가 심각해진 것은 1859년 무렵, 영국에서 이주한 토머스 오스틴이라는 사람이 사냥용으로 야생토끼 12쌍을 자기 농장에 풀어놓으면서 시작됩니다. 오스틴은 영국에 살 때 취미로 토끼 사냥을 했는데, 오스트레일리아에는 사냥할 만한 토끼가 없었던 것이죠. 그래서 영국에 사는 조카에게 회색 야생토끼 12쌍을 보내달라고 했는데, 일설에 따르면 그때 조카는 12쌍을 다 구하지 못해 일부는 사람들이 집에서 기르는 회색 토끼로 채웠다고 합니다. 오스틴은 야생토끼 12쌍을 풀어주면 수가 늘어서 자신이 사냥할 정도가 되리라 생각했지만, 정작 그 결과는 상상을 뛰어넘어버립니다.

토끼는 생식력이 왕성해서 그 수가 걷잡을 수 없이 늘어나는데요. 그래서 오스트레일리아는 약 150여 년 동안 토끼와의 전쟁을 치릅니다. 개체 수를 줄이기 위해 토끼를 잡아먹는 여우를 들여오기도 하고, 토끼의 확산을 막으려 240킬로미터에 이르는 울타리를 쳐보기도 하고, 경제가 어려울 때는 식량으로 쓰기도 하는 등 별의별 방법을 다 썼지만 토끼를 이길 수 없었습니다. 마침내 1950년에 토끼를 죽이는 전염균을 살포하고, 이로 인해 약 6억 마리에 이르렀던 토끼의 80퍼센트가 죽습니다. 사람들은 그제야 토끼 문제를 해결할 수 있다고 생각했죠. 그런데 그때 살아남은 토끼가 이번에는 과거의 병균에 내성을 가진 토끼로 자라나 다시 문제가 심각해졌습니다. 그래서 사람들은 2017년에 다시 새로운 병균을 퍼뜨리고 그 결과를 기다리는 중입니다. 토끼와의 전쟁이 아직도 끝나지 않은 것이죠.

예측이 어렵다는 사정을 핑계로 미래에 대한 생각을 포기하거나 외면하는 경우도 적잖습니다. 내가 하는 선택이 미래에 초래할 위험 가능성에 대해 '설마' 하면서 외면합니다. 왜일까요? 그 선택의 순간 어떤 욕망에 사로잡혀 있거나 아니면 미래를 생각하는 일이 귀찮고 피곤하니까 '어차피 내가 계획한 대로 되지도 않는데…'라면서 지레 포기해버리는 것입니다. 앞서 한스 요나스가 말한 책임 윤리의 관점에서 보면 무책임한 태도입니다.

무료함을 달래려 조카에게 토끼를 보내달라고 한 오스틴은 자신의 선택이 150년이 넘도록 계속되는 토끼와의 전쟁을 일으킬지는 예측하지 못했을 것입니다. 우리는 어떤가요? 우리도 똑같은 잘못을 범하지는 않을까요? 한국도 황소개구리나 뉴트리아를 도입했다가 낭패를 본 경험이 있습니다. 같은 실수를 반복해서는 안 된다는 것이 중요합니다. 실패한 경험에서 아무것도 배우지 못한다면 결코 슬기로운 삶이라고 말할 수 없죠. 이것이 우리가 역사를 공부하는 이유입니다.

스피노자, 결국 일어날 일은 일어난다

바뤼흐 스피노자는 "내일 지구가 멸망하더라도 나는 한 그루의 사과나무를 심겠다!"라는 말로 유명한 철학자입니다. 예를 들어 우주를 떠돌던 커다란 별똥이 갑자기 날아와 지구에 충돌하는, 이른바 딥임팩트가 내일로 예고되어 있다고 해봅시다. 내일 지구가 멸망하는 것이 분명하다면 우리는 뭘 하려 할까요? 스피노자처럼 묵묵하고 담대하게 자신의 하루를 꾸려갈 수 있을까요? 어떤 사람들은 거대한 기적이나 우연을 바랄지도 모르겠습니다. 별똥의 궤도를 잘못 계산한 것이거나 너무 황당하지만 달님이 서둘러 달려와 별똥을 막아서는 그런 기적이요. 스피노자는 담대함만큼이나 냉정한 지성의 소유자였습니다. 그는 세상에 우연은 없다고 합니다. 우리가 우연이라고 말하는 것은 세상에서 벌어지는 사건들의 인과적 과정에 대해 잘 모르기 때문이라는 겁니다.

세상의 모든 사건이 모두 원인과 결과의 관계로 결정되어 있다고 보는 것을 '결정론'이라고 부릅니다. 결정론은 말 그대로 과거의 사건들이 미래의 사건들을 결정하는 것입니다. 극단적 비유를 들자면, 태초에 우주가 생겨나는 그 순간 우주에서 일어날 미래 사건들이 결정되었다고까지 말할 수 있습니다. 우리가 냄비에 물을 담고 가스레인지에 불을 붙이는 것은 냄비가 열을 잘 전달하고, 그렇게 전달된 열이 냄비 안의 물을 덥히며, 물의 온도가 일정 수준 이상으로 올라가면 끓는다는 사실을 잘 알아서입니다. 라면을 먹기 위해 가스레인지에 불을 켜는 사건으로부터 물이 끓는 일련의 과정에서 일어나는 모든 사건은 모두 이전 사건이 원인이 되어 연쇄적으로 일어나는 사건들입니다. 즉, 결정된 것입니다. 이런 사건들 사이의 관계는 모두 필연적으로 연결되어 있습니다. 만약 모든 것이 이전 상황과 같은데도 물이 끓지 않는다면, 이는 우연이 아니라 물이 끓지 못하게 만드는 또 다른 원인이 있을 뿐입니다.

오늘의 선택이 내일을 결정한다

실제로 유럽의 종교개혁기에는 이런 결정론적인 문제가 세상 사람들의 관심거리였습니다. 16세기 종교개혁기에 장 칼뱅(Jean Calvin, 1509~1564)을 중심으로 한 새로운 세력은 당시 교회의 부패에 맞서 새로운 신앙을 전파합니다. 그 핵심 내용 중 하나는 하나님 앞에서 신분의 귀천은 무의미하며, 구원의 날에 누가 천국에 가고 지옥에 갈지가 이미 정해져 있다는 예정설입니다. 그런데 천국에 갈 사람이 이미 정해져 있다면, 흥청망청 세상의 온갖 쾌락을 누리며 살아도 되지 않을까요? 내가 어떻게 살든 천국에 갈지 지옥에 갈지가 어차피 정해져 있으니까요. 얼핏 생각하면 그런데, 사람들은 오히려 검소하고 경건하게 살고자 했습니다. 왜일까요? 핵심은 이미 예정되었지만, 누가 천국에 갈 사람이고 지옥에 갈 사람인지는 아무도 모른다는 점입니다.

스피노자는 세상의 모든 사건은 필연적 원인과 결과의 관계로 엮여 있으므로, 우리가 그런 사정을 알든 모르든 사건들은 필연적 관계에 따라 진행된다고 말합니다. 내일 지구가 멸망한다고 정해져 있다면, 우리가 그걸 걱정하든 안 하든 일어날 일은 일어난다는 것이죠. 안달복달해도 소용없기 때문에, 그는 삶에 대해 담대하고 냉정함을 유지할 수 있었습니다.

여우가 염소에게 한 말처럼 '들어오기 전에 나갈 길을 생각해두는 일'은 비록 정확히 알 수 없는 미래지만 주어진 조건 아래서 최선을 다해 생각해보라는 것입니다. 우리는 예측하지 못하는 사항으로 인해 일이 어그러지는 경우도 많지만, 간혹 뻔히 알 수 있는 일에 대해서도 우연을 바라고 아무 생각 없이 일을 처리하기도 합니다. 스피노자의 철학은 미래가 이미 결정되어 있음을 말해준다기보다는, 너의 지금 선택이 미래를 결정한다고 새기는 편이 좋습니다. 만일 정말로 세상에 우연이 가득하다면, 내가 아무리 열심히 해도 소용이 없죠. 늘 우연이 우리를 괴롭힐 테니까요. 내가 열심히 하면 우연이 아니라 필연적으로 그 대가를 받는 세상이 더 좋은 세상 아닐까요?

절대주의와
상대주의

알베르트 아인슈타인
Albert Einstein, 1879~1955

철학 이론 가운데 절대주의와 상대주의는 서로 크게 입장이 상반된 대표적인 예입니다. 절대주의는 어떤 원리는 절대 변하지 않는다고 하고, 상대주의는 절대 변하지 않는 원리는 없다고 말합니다.

우리는 아직 어느 입장이 진리인지 잘 모릅니다. 이는 스피노자가 우리에게 던져준 수수께끼, 즉 미래가 어떻게 결정되어 있는지를 아직은 모르는 현실과 관련이 있습니다. 절대주의와 상대주의 중 어느 것이 옳은지 결정하는 일은, 내가 미래에 행복할지 불행할지 현재에는 알지 못하는 것과 비슷합니다. 다만 분명한 것은 행복이 예정되어 있든 불행이 예정되어 있든 열심히 살아야 하듯이, 절대주의가 옳든 상대주의가 옳든 오늘도 최선을 다해야 한다는 사실입니다.

•특수상대성 원리

1905년 알베르트 아인슈타인은 특수상대성 원리를 발표하는데요. 그의 상대성 원리의 한 핵심은 물체 운동이 관찰자의 시점에 따라 상대적이라는 것입니다. 그런데 더 중요한 원리는 광속은 관찰자가 어떤 상황에 있건 변하지 않는다는 것이죠. 가만히 서 있는 상태로 공을 던지는 것과 도움닫기를 한 뒤 공을 던질 때 공의 속도는 다릅니다. 도움닫기를 하기 위해 달려오는 힘이 더해져서 공이 빨라지니까요. 마찬가지로 빛의 속도에 가깝게 날고 있는 우주선에서 빛을 발사하면 그 빛은 가만히 서서 빛을 발사할 때보다 두 배 가까이 빨라야 할 것입니다. 그런데 실제로는 그렇지 않죠. 어떤 경우든 빛의 속도는 같습니다. 그러니 아인슈타인의 상대성 원리는 그 이름과 달리 상대주의가 아니라 절대주의에 가까운지도 모르겠습니다.

•보편타당한 법칙

어떤 법칙이 있다고 해봅시다. 그 법칙은 시대와 장소에 따라 변할 수도 또 변하지 않을 수도 있습니다. 시대와 장소에 따

바뤼흐 스피노자
Baruch Spinoza, 1632~1677

라 변하지 않는 법칙을 보편타당한 법칙이라고 부릅니다. 절대주의는 변하지 않는 원리, 혹은 보편타당한 법칙이 있다고 주장합니다. 반면 상대주의는 그런 법칙은 없다고 말합니다. 물론 절대주의와 상대주의에는 세부적으로 다른 여러 입장이 있지만, 크게 보면 그렇습니다. 자연에는 보편타당한 법칙이 있을까요? 자연에는 보편타당한 법칙이 있을지 몰라도 인간 사회에는 시대와 장소에 따라 달라질 수밖에 없다고 봐야 할까요? 아니 어쩌면 자연에도 보편타당한 법칙은 없을지 모릅니다. 자연과학이 발전해온 역사는 늘 오류를 수정해온 역사이기도 하니까요.

9

미래는 현재를
잘 살피는 것으로부터

점성술사

오래전 별을 보고 미래를 읽을 수 있다고 믿는 사람이 있었습니다. 그는 자신을 점성술사라고 부르며, 밤하늘의 별을 쳐다보고 연구하는 것에 삶의 대부분을 바쳤습니다.

어느 날 밤, 그는 마을 바깥에 있는 한적한 큰길을 따라 산책을 했습니다. 물론 그의 눈은 밤하늘의 별에 고정되어 있었죠. 그는 자신이 지금 세상의 종말이 어떻게 될지를 생생하게 보고 있다고 생각했습니다. 바로 그 순간 그는 발을 헛디뎌 커다란 진흙탕 웅덩이에 빠졌습니다.

거의 키 높이에 이르는 웅덩이에서 허우적거리며 빠져나오려 애를 썼지만 허사였죠. 진흙이 너무 미끄러워 빠져나올 수 없었습니다. 그는 살려달라고 소리를 질렀습니다. 그 외침을 듣고 마을 사람들 몇몇이 달려와 그를 웅덩이에서 끌어냈습니다. 그중 한 사람이 이렇게 말했습니다.

"아니, 별을 보고 미래를 읽으신다는 양반이 정작 당신 발밑에는 뭐가 있는지 모른단 말이오! 이제 미래는 놔두고 당장 당신 앞에 무슨 일이 일어날지나 신경 쓰시구려."

"이 땅에서 무슨 일이 일어나는지도 모르는 판에 별을 읽는다는 게 무슨 쓸모가 있담!"

그 옆에 있던 사람도 이렇게 한마디를 거들었습니다.

요즘 점성술을 과학이라고 생각하는 사람은 없습니다. 그런데 점성술은 오늘날 천문학이라고 부르는 학문의 이전 형태입니다. 코페르니쿠스 이전의 천문학자들은 대부분 점성술사이기도 했죠. 사실 과거의 점성술사들이 별을 관찰해놓은 자료가 없었다면 코페르니쿠스 같은 인물도 나오지 못했을 것입니다. 〈점성술사〉에서 점성술사는 별을 통해 미래를 보는 일에 너무 몰두해 자기 발아래에 있는 구덩이를 보지 못합니다. 이 이야기는 앞서 예쁜 옷에 대한 상상 때문에 우유가 든 들통을 쏟은 소녀를 생각나게 합니다. 먼 미래만 생각하고 당장의 현실 문제를 보지 못하는 것입니다. 물론 눈앞의 것에만 몰두해서 더 중요한 일을 보지 못하는 것도 문제지만 말입니다. 그래서 중요한 것은 현실을 잘 판단하되, 미래에 대한 시선을 놓지 않는 균형감입니다.

북극곰의 비애, 예고된 미래를 어떻게 대비할 것인가?

최근 텔레비전 다큐멘터리에는 북극곰이 자주 나옵니다. 지구온난화로 북극곰이 멸종 위기에 처했기 때문인데요. 북극곰은 지구온난화의 대표적 상징입니다. 북극의 기온이 올라가면 추운 곳에서 살도록 진화해온 북극곰의 생태환경이 크게 바뀌고, 결국 멸종하겠죠. 북극곰의 멸종은 북극의 기후 환경이 바뀌었다는 것, 그에 따라 인류 문명마저도 위기에 처할 것이라는 뜻입니다. 거대한 지진이나 홍수와 같은 기상재해를 생각해본다면, 자연의 커다란 힘 앞에 인류의 힘은 아직 미약하기만 합니다.

그래서 세계 각국에서 지구온난화에 대처하기 위해 여러 방면으로 애를 쓰고 있습니다. 이산화탄소 배출량을 통제하는 것도 그 일환이죠. 대기 중에 이산화탄소가 많아지면 지구온난화가 촉진됩니다. 그런데 이산화탄소는 그동안 인류가 살아온 삶의 방식과 관계가 있습니다. 인류의 삶의 방식이 이산화탄소를 많이 발생시킨다는 말이죠. 자동차를 타고, 공장에서 물건을 만드는 것은 물론이고 휴대폰 충전에 이르기까지 우리의 안락하고 편리한 삶은 막대한 에너지를 소비하는 삶이고, 그 과정에서 많은 이산화탄소가 배출됩니다. 그 결과 우리는 지구 생태계는 물론이고 우리 자신의 미래마저도 위협합니다. 북극곰의 멸종 위기는 다름 아니라 인류의 위기죠.

여기서 조금 더 깊게 생각해봅시다. 지구온난화와 같은 문제는 우리의 미래와 관련이 있습니다. 우리의 미래에는 이미 어떻게 될 거라고 결정된 것들이 있고, 결정되어 있다고 볼 수 없는 것들도 있습니다. 이 글을 쓰는 저나 독자들 모두 결정되어 있고 예고된 미래의 사건 하나를 알고 있습니다. 그것은 우리 모두가 언젠가는 죽는다는 사실이죠. 한 사람의 운명은 태어나서 죽음에 이르는 생명체의 과정을 따릅니다. 우리 모두가 언젠가는 죽는다면(물론 미래의 과학 기술이 인간을 죽지 않게 할 수 있을지도 모르지만 적어도 현재의 인류는 죽음을 피하기 어렵습니다), 그와 똑같이 인류도 언젠가는 멸종하지 않을까요? 북극곰이 멸종의 위기에 처했고, 사람들이 좋아하는 공룡도 이미 멸종했으니 인류도 언젠가는 멸종하지 않을까 물어볼 수 있습니다. 인류의 멸종은 한 개인의 죽음처럼 이미 예고된 미래일까요? 아니면 열린 미래일까요? 문제는 그 언젠가가 도대체 언제인가 하는 것이죠. 태양에도 수명이 있습니다. 현재 계산으로는 한 100억 년 정도 후에는 태양도 그 수명을 다한다고 합니다. 예고된 미래입니다. 인류의 미래는 어떻게 될까요?

예고된 미래와 선택

나의 죽음은 이미 예고되어 있습니다. 그래서 어차피 죽을 텐데 하면서 몸에 나쁜 음식을 마구 먹고 운동도 하지 않는다면, 예고된 미래는 점점 더 빨리 오겠죠. 북극곰을 위협하는 지구온난화 문제도 마찬가지입니다. 그러므로 수많은 환경운동가의 주장처럼 우리는 생활 방식을 바꿔야 합니다. 우리는 필요 이상으로 에너지를 많이 쓰고, 다른 자원도 낭비하기 때문입니다. 걸어가도 될 거리에도 차를 타고, 그만 먹어도 되는데도 남겨 버리 정도로 먹는 일 등이 모두 미래에 예고된 운명을 재촉합니다. 위기 상황이 예고될 때, 어떤 행동을 할까요? 건강을 지키려 운동을 하는 것처럼 지구온난화를 막기 위해 여러 조치를 시행합니다. 자동차나 공장에서 나오는 이산화탄소 배출량을 조절하고, 숲을 유지하려고 애쓰지요. 한편으로 생각하면 당연한 일입니다. 그런데 어느 한쪽에 힘을 주면, 다른 한쪽에서는 힘이 모자라게 되는 것 또한 당연합니다.

최근 남미나 동남아시아에서는 숲이 사라지고 있습니다. 개발 때문인데요. 숲을 없애고 그 자리에 공장이 들어서거나, 숲을 초원으로 바꾸어 거대한 목장을 만들기도 합니다. 지구촌 곳곳에서 계속 이런 일들이 벌어진다면, 우리는 결국 북극곰의 슬픈 운명을 막을 수 없을 뿐 아니라 인류의 미래에서 예고된 재앙을 서둘러 불러들이는 꼴이 될 것입니다. 그래서 숲을 파괴하는 나라들에 그러지 못하도록 국제적인 압력을 가할 수 있습니다. 그런데 그 나라의 입장에서 보면, 국민의 생활수준을 높이기 위해 공장도 짓고 목장도 만드는 것입니다. 숲을 없애는 일을 하지 말라고 압력을 넣는 나라들은 이미 높은 기술 수준을 가진 선진국이죠. 자신들은 풍요롭게 살면서, 빈곤에서 벗어나고자 애를 쓰는 나라들의 발전하는 것을 막는 것은 아닐까요? 누군가가 자신은 위생적이고 청결한 수세식 화장실을 사용하면서 이웃에서 재래식 화장실을 수세식으로 바꾸려고 하니, 수세식 화장실이 늘어나면 물도 모자라고 오염도 심해지니 수세식으로 바꾸면 안 된다고 말하는 식은 아닐까요?

환경 문제를 둘러싸고 개발도상국과 선진국이 대립하게 되는 문제에는 이런 사정이 있습니다. 산업화 과정을 거쳐 지구의 환경을 망쳐놓은 원인 제공자는 지금의 선진국들인데, 그들을 따라 풍요롭게 살고자 산업화하려는 나라들에 그렇게 하지 말라고 억압하는 것처럼 보이니까요.

편리하게 살고자 하는 인간의 욕망은 마치 브레이크 없는 기관차처럼 폭주할 수 있습니다. 기술과 문명이 오직 그런 욕망에만 종사한다면, 기술 발전과 문명 역시 폭주 기관차가 될 것입니다. 그 기관차는 속도를 조절함이 없이, 어쩌면 점점 더 가속도를 내어 멀찌감치 떨어져 있던 예고된 운명을 점점 더 빨리 우리에게 다가오도록 할지도 모르죠. 플라톤이 말한 알맞은 정도, 적도를 찾아내는 일의 중요성은 바로 그런 순간에 발휘됩니다.

철학 수업

적도

이상과 현실 사이의 간극을
조율하는 길을 찾는 것

•지성의 힘으로 적절한 방법을 찾아라

플라톤은 이상과 현실 사이에서 답을 구할때 '적도(適度, to metrion)'에 관한 이야기를 합니다. 적도는 적절한(알맞은) 정도를 말합니다. 인간에게 지성이 있다는 것은 무엇이 옳은지, 또 무엇이 문제를 해결할 수 있는 방법인지를 찾아내는 힘이 있다는 말입니다. 그런데 우리가 아는 해결책은 때때로 현실의 조건과 맞지 않을 수 있습니다. 흔히 말하듯 이상과 현실 사이의 괴리입니다.

숲을 지키기 위해 공장을 짓는 일에 반대할 수 있죠. 그러면 그 공장에서 일을 해 먹고살아야 하는 사람들은 어떻게 해야 할까요? 그냥 어쩔 수 없으니 당신들이 피해를 보는 수밖에 없다고 할까요? 숲을 지키는 일이 북극곰과 인류 모두에게 옳은 선택이지만, 그런 선택을 현실에 곧바로 적용하기 어려울 때가 많습니다. 그런 경우 우리는 타협점을 찾게 되는데요. 숲을 보존하되, 대신 일자리를 구하는 사람들에게 다른 일자리를 제공하는 식입니다.

어떤 건축가가 아주 이상적인 집을 구상했는데요. 정작 현실에서 그 집을 지을 때 필요한 재료를 모두 구할 수는 없습니다. 그렇다면 집 짓는 것을 포기해야 할까요? 그가 만약 훌륭한 건축가라면, 주어진 현실의 조건에서 자신이 생각한 이상적인 집에 가장 가까운 집을 지으려고 노력할 것입니다. 플라톤은 바로 그것이 적도를 찾아내는 일이라고 말합니다. 이상과 현실 사이의 간극을 조율하는 길을 찾는 것이죠.

두 번째
이야기

착하게
산다는 것은

⭐ 윤리적이고 도덕적인 삶의 문제

1
행복이란
무엇인가?

에우다이모니아(eudaimonia)! 행복이란 곧 내 영혼을 좋게 하는 것이다!

욕심 많은 개

개 한 마리가 있었습니다. 어느 날 푸줏간 주인이 뼈다귀 하나를 던져 주자 신이 난 개는 뼈를 물고 서둘러 집으로 뛰어갔습니다. 그렇게 개울가 좁은 다리를 건너다가 거울처럼 자신을 비추는 개울물을 내려다보았는데, 거기서 자기보다 더 크고 좋은 뼈다귀를 물고 있는 개를 봤죠. 욕심이 많은 개는 개울물 속 개가 자기 뼈다귀보다 더 좋은 뼈다귀를 가진 것이 샘이 났습니다.

욕심을 부리지 않았으면 좋았을 텐데. 개는 욕심을 떨쳐내지 못해 입에 물었던 뼈다귀를 떨어뜨리면서 크게 짖으며 물속으로 뛰어들었습니다. 더 좋은 뼈다귀는 고사하고 목숨을 건지기 위해 헤엄쳐 나오면서 개는 그제야 자기가 무엇을 잃어버렸는지, 그리고 얼마나 바보 같은 짓을 했는지 깨달았습니다.

행복의 딜레마, 이분법이 문제다

이 이야기에서 개는 처음 푸줏간 주인에게서 뼈다귀를 얻었을 때 행복했고, 이때만 해도 큰 욕심이 없었습니다. 그런데 집으로 돌아가기 위해 개울가 다리 위를 지날 때 물에 비친 개가 물고 있는 뼈다귀를 보자 욕심이 났죠. 사달은 내 것과 남의 것을 비교해서 일어난 것입니다. 왜 비교할까요? 여기에 행복의 수수께끼가 있습니다. 욕심이란 만족을 모르죠. 이미 가진 행복은 잊고 더 큰 행복을 바라보니, 그 결핍감 때문에 자신의 처지가 불행해 보입니다. 그래서 욕심을 채우기 위해 나서지만, 사실은 자신의 행복을 내던져 버리는 선택을 하고 맙니다.

그리스 신화에는 땅의 여신 데메테르가 신과 자연을 우습게 안 에리시크톤에게 내린 아주 무서운 벌에 관한 이야기가 나오는데요. 에리시크톤은 사람과 신들의 경고도 만류하고 숲을 지키는 커다란 참나무를 도끼로 베어버립니다. 데메테르는 에리시크톤에게 벌을 주기 위해 기아(굶주림)의 여신을 에리시크톤 배 속으로 들어가게 합니다. 그 결과 에리시크톤은 아무리 먹어도 배가 고파집니다. 그 많던 재산을 다 팔아서 오직 먹을 것만 사서 먹었지만, 배 속에 있는 기아의 여신 때문에 허기가 가시지 않았죠. 마침내 그는 딸을 팔아서 먹을 것을 사고, 더 이상 팔 것이 없게 되자 자신의 몸을 뜯어 먹다가 입만 남은 채로 비참하게 생을 마감합니다. 통제하지 못하는 욕심이란 에리시크톤의 배 속에 있는 기아의 여신이 치는 장난인지도 모릅니다.

인스타그램의 함정, 행복은 비교에서 온다?

본래 SNS는 디지털 기술을 이용해 사람들이 좀 더 쉽고 편리하게 연락을 주고받는 관계를 맺기 위한 기술이죠. 페이스북이나 인스타그램을 통해 우리는 그 사람이 무엇을 하고 사는지, 무엇을 좋아하는지, 무슨 일에 기뻐하고, 분노하는지를 알 수 있습니다. 사람들은 자신이 소중하게 생각하는 것들을 사진이나 짧은 영상으로 인스타그램 등의 SNS에 올립니다. 마치 사진첩처럼 소중한 추억을 언제든 꺼내 보고, 다른 사람들에게 소식도 전하며, 심지어 자랑도 할 수 있죠. 그런 점에서 인스타그램은 자기 인생에서 행복한 순간을 저장해놓는 창고입니다. 그런데 인스타그램에는 부작용도 있습니다. 자꾸 자신의 삶을 다른 사람들과 비교하도록 만들거든요.

누군가의 인스타그램을 보니 환상적인 곳으로 여행을 갔습니다. 나는 지금 책상에 앉아서 끙끙대는데 말이죠. 또 다른 사람은 맛집으로 유명한 식당에서 음식 사진을 올리며 행복해합니다. 나는 지금 편의점에서 컵라면을 먹고 있는데 말이죠. 물론 누군가는 야근에 지친 모습을 찍어 올리는 바람에, 그나마 잠깐 쉬면서 컵라면과 김밥을 먹는 나를 (상대적으로) 행복하게도 해주지만, 그보다는 유명한 관광지에서 맛있는 것을 먹는 사진에 더 눈이 갑니다.

그러다 보면 나도 인스타그램에 좀 더 신경을 써야겠다는 생각이 들죠. 여행도 하고, 맛있는 것도 먹고, 기억에 남을 추억거리도 찍어 올려서 다른 사람들이 행복한 내 모습을 보고 부러워하게 만들고 싶어집니다. 누군가 칭찬하거나 부럽다는 댓글이라도 올려주면 엄청 기분이 좋습니다. '좋아요' 수가 올라갈수록 내 행복감도 커지는 것 같고요. 그런데 어느 순간부터 내가 행복해서 그 순간을 기록하려 인스타그램에 올리는지, 행복해지기 위해서 사진을 올리는지가 불분명해집니다. 사진이 이상하게 나오면 짜증마저 납니다. 인스타그램이 자신의 행복을 자랑하는 경쟁 수단처럼 쓰인다면, 그것은 행복이 아니라 스트레스를 주는 일이 됩니다. 때때로 우리는 남과의 비교를 통해 행복감을 얻습니다. 남들에 비하면 지금 내 모습이 행복하다고 판단하는 것이죠. 물론 불행하다는 생각 역시 비교로부터 옵니다. 누군가의 모습과 비교하면 자신이 훨씬 모자라 보이니까요. 그래서 묻게 됩니다. 나는 과연 행복한가?

순간의 행복과 지속적인 행복

고대 그리스의 철학자 아리스토텔레스(Aristoteles, B.C. 384~B. C. 322)는 인간 삶의 목적을 행복이라고 합니다. 누구나 행복하기 위해 산다는 말이죠. 우리가 매 순간순간 어떤 선택을 할 때, 왜 그런 선택을 하느냐고 묻는다면 우리는 잘 살기 위해서라고 답할 것입니다. 그때 잘 산다는 것의 다른 이름이 바로 행복입니다. 행복은 여러 종류입니다. 맛있는 음식을 먹을 때의 행복감도 있고, 원하던 것을 가졌을 때, 또는 남들에게 인정받는 성과를 이루었을 때 모두 우리에게 행복감을 선물해줍니다. 어떤 행복감은 그 지속 시간이 짧은데, 어떤 행복감은 지속 시간이 상대적으로 깁니다.

아리스토텔레스는 더 긴 지속 시간을 갖는 행복이 더 좋은 행복이라고 생각했습니다. 아리스토텔레스는 그런 행복은 육체적이 아닌 정신적 행복에서 찾을 수 있다고 말하는데요. 육체적 행복감은 일시적인 데 반해, 정신적 행복감은 지속적이기 때문입니다. 따라서 우리가 추구해야 하는 행복은 정신적인 행복이라고 말할 수 있습니다. 맛있는 음식을 먹을 때의 행복감은 그것을 즐기고 향유하는 바로 그 시간에만 느끼는 행복입니다. 다 먹고 나서 포만감이 사라지고 나면 행복감은 이내 사라지고 말죠. 반면 매우 어려운 과제에 도전해서 성공적으로 마무리했을 때 느끼는 행복감은 며칠 아니 심지어 몇 달 동안 지속될 수도 있습니다. 만약 우리도 맛있는 음식과 어려운 과제를 성공적으로 해내는 일, 둘 중에 하나만 선택해야 한다면 당연히 더 긴 행복감을 느낄 수 있는 일을 선택하겠죠.

아리스토텔레스는 가장 높은 수준의 행복은 '관조하는 삶'이라고 말합니다. 관조하는 삶은 진리를 탐구하는 삶인데요. 세상의 진리를 깨달을 때 얻어지는 행복감이야말로 가장 높은 수준의 행복이라는 말입니다. 고대 그리스 말로 행복은 '에우다이모니아(eudaimonia)'라고 합니다. 이때 '에우'라는 말은 좋게 한다는 뜻이고 '다이모니아'는 내 삶을 관장하는 영혼을 가리키는 말이므로, 행복이란 곧 내 영혼을 좋게 한다는 뜻입니다.

아리스토텔레스는 행복에는 세 종류가 있다고 하는데요. 감각적 쾌락을 목표로 하는 쾌락적인 삶, 명예를 얻거나 어떤 일에서 뛰어남을 인정받는 정치적인 삶, 그리고 마지막으로 가장 높은 수준의 행복이 바로 관조하는 삶입니다. 관조(theoria)는 그리스 말로 '테오리아'라고 하는데, 영어 이론(theory)의 어원입니다. 관조하는 삶, 즉 세상의 진리를 탐구하는 삶이 가장 높은 수준의 행복인 이유는 이렇습니다. 육체적 감각을 만족시키려는 쾌락적인 삶은 매우 일시적입니다. 심지어 그 만족감이 사라지면 허탈하기까지 하고요. 또 명예를 추구하는 삶도 다른 사람들의 시선에 의존해 늘 속박된 상태이므로 자유롭지 못합니다. 인스타그램의 '좋아요' 수를 통해 자신의 행복감을 확인하려는 사람은 타인의 시선에 붙잡혀 있는 셈이라는 것이죠. 아리스토텔레스에 따르면 이런 행복은 자족적이지 않으므로 불완전합니다. 반면 관조하는 삶은 다른 사람에 의존해 속박되어 있지도 않고, 또 일시적이 아닌 지속적인 만족감을 주기 때문에 가장 높은 수준의 행복이라고 보는 것입니다.

문득 책 읽기 싫어하고, 공부하기 싫어하는 나는 영원히 행복할 수 없는 것인가 하는 괴로운 질문이 떠오릅니다. 진리를 탐구하는 삶이 진정한 행복이라면 말이죠. 물론 그렇지 않습니다. 진리를 깨닫는다는 말이 수학 공식을 외워 정답을 맞힌다는 뜻이 아니거든요. 농부가 잡초를 뽑다가 갑자기 삶의 원리를 깨달을 수도 있습니다. 취미로 종이접기를 하다가도 마찬가지고요. 산책하다가 갑자기 세상이 완전히 달라 보이는 경험, 마치 원효 대사가 지난밤에 목이 말라 마신 물이 해골 속에 담긴 물이었다는 사실을 알았을 때 깨달은 원리처럼요. 아리스토텔레스가 말한 관조하는 삶은 원리를 이해하려고 노력하는 삶입니다. 그렇게 해서 깨달음을 얻는 일이 우리에게 자유로움과 충만한 삶의 만족감을 주니까요. 물론 책을 읽는 일이 그런 깨달음에 좀 더 쉽게 다가가는 길이긴 하겠죠.

금욕주의와
쾌락주의에 대한 오해

에피쿠로스
Epikuros, B.C. 341~B.C. 270

　　고대 그리스와 로마의 철학자 중에는 쾌락주의자라고 불리는 사람들이 있습니다. 그리고 스토아학파 사람들도 있고요. 스토아학파는 금욕주의자들이었습니다. 이름으로만 보면 쾌락주의와 금욕주의는 서로 상반된 입장인 것처럼 보이는데요. 사실은 둘 다 정신적 쾌락의 중요성을 강조합니다.

• 아파테이아

　　스토아(stoa)학파는 자연에는 엄격한 인과 법칙이 존재하고 인간의 지성은 이를 파악할 수 있다고 믿었습니다. 스피노자와 비슷하게 세상을 결정론적으로 보았기 때문에, 스토아학파는 세상의 법칙을 인간의 지성을 통해서 파악함으로써 진정한 자유를 얻는다고 합니다. 법칙을 파악하면 세상일이 어떻게 진행되는지 알 수 있으니 부질없는 행동을 해서 괴로울 일이 없을 테니까요.

스토아학파가 금욕적인 생활을 강조한 이유 역시 우리의 욕망이나 욕심이 지성의 활동을 방해해서입니다. 분명히 절제해야 하는 순간이라는 것을 알지만 감각적 쾌락의 유혹에 빠져 몸을 망치고, 일을 그르치는 경우가 많죠. 그래서 스토아학파는 행복한 삶은 욕망을 억제하는 금욕적인 생활에서 온다고 믿었습니다. 그렇게 세상 이치를 깨닫고 마음의 평정을 얻은 상태를 아파테이아(apatheia)라고 하는데요. 스토아학파는 이런 마음의 평정이 진정한 행복의 비밀이라고 생각했습니다.

• 아타락시아

에피쿠로스와 같은 쾌락주의자(hedonist)들은 행복이란 고통을 멀리하고 즐거움과 쾌락을 추구하는 데서 온다고 봤습니다. 흥미로운 사실은 쾌락주의자들은 그 이름에 걸맞게 쾌락의 종류를 나누었다는 것입니다. 더 좋은 쾌락과 덜 좋은 쾌락이 무엇인지를 탐구한 것이죠. 그 결과 정신적 쾌락이야말로 진정한 쾌락이라고 말합니다. 육체적 쾌락은 일시적이고, 심지어 고통을 동반할 때도 있습니다. 고통 후에 오는 쾌락이 더 크게 느껴지니까요. 그에 반해 정신적 쾌락은 더 크고 지속적입니다. 그래서 역설적이게도 진정한 쾌락주의자는 육체적 쾌락은 멀리하고 정신적 쾌락을 추구합니다. 스토아학파가 말하는 행복한 삶과 비슷하죠. 대표적인 쾌락주의자였던 에피쿠로스도 정신적 쾌락이란 감정이나 정신에 혼란이 없는 상태라고 말하며, 그런 상태를 아타락시아(ataraxia)라고 부릅니다. 금욕주의든 쾌락주의든, 모두 더 높은 수준의 행복으로 정신적 수준의 행복을 말한 것은 우연이 아닙니다.

나와 너는
사정이 다르다?

동물들과 전염병

옛날 옛적에 무서운 전염병이 숲속의 동물들을 덮쳤습니다. 많은 동물이 죽었고, 살아남은 동물들도 제대로 먹고 마시지도 못할 만큼 몹시 아파 모두가 무기력에 빠져 있었습니다. 더 이상 살진 암탉이 여우를 유혹하지도 못했고, 부드러운 어린 양도 늑대의 탐욕스러운 식욕을 자극하지 못했죠.

마침내 사자가 동물들의 의회를 열었습니다. 동물들이 모두 모이자 사자가 일어나서 말했습니다.

"환영합니다, 여러분. 제 생각에는 신이 우리의 죄를 벌하기 위해 이 몹쓸 전염병을 보낸 것 같습니다. 그래서 우리 중에 가장 죄가 많은 이가 희생해줘야겠습니다. 그러면 우리 모두 용서받고 병에서 나을 것입니다. 그래서 제가 먼저 죄를 고백하고자 합니다. 저는 몹시 탐욕스럽고 양도 많이 잡아먹었습니다. 그 양들이 제게 해를 끼치지도 않았는데요. 양만이 아니라 염소와 황소, 그리고 사슴도 잡아먹었습니다. 솔직히 고백하면 이따금 양치기를 잡아먹기도 했죠. 이렇게 고백하거니와 저는 희생할 준비도 되었습니다. 하지만 제 생각에 여기 있는 모든 이가 다 저처럼 죄를 고백하고 나서 그중에서 가장 큰 죄를 범한 이가 누구인지를 결정하는 게 좋을 듯한데…."

그때 여우가 나섰습니다.

"폐하, 폐하는 너무 선하십니다. 그런 얼간이 같은 양을 잡아먹는 일이 무슨 죄가 되겠습니까. 절대 아니죠! 폐하는 그런 양들을 잡아먹어서 명예를 보이신 것입니다. 그리고 양치기들도 마찬가지인데, 그들은 마치 우리의 주인이라도 되는 양 행동하는 얼치기 족속이라는 걸 우리 모두 압니다."

그러자 다른 동물들이 여우의 이야기에 크게 박수를 치며 동조했습니다. 이윽고 호랑이, 곰, 늑대 등 야수들이 줄줄이 자기 행동을 말하고는 그 모든 행동이 다 이유가 있고 결백하다고 말했습니다.

마침내 당나귀의 차례가 되었죠. 당나귀는 몹시 죄책감을 느끼듯이 조심스럽게 말했습니다.

"제 생각에…, 어느 날 신부님의 땅을 거닐다가 부드러운 풀잎을 뜯어먹고 말았습니다. 배가 고팠거든요. 참았어야 했는데, 질겅거리는 습관을 버리지 못해서 멈추지 못했습니다. 제가 풀에게 그럴 권리는 없죠. 제 잘못을 인정합니다."

그러자 야수들 사이에서 큰 소란이 일어나 당나귀는 더 말을 할 수가 없었습니다. 우리 모두에게 재앙을 불러온 진범이 드디어 나타났다! 아니, 남의 땅에 있는 풀을 뜯어먹다니, 이 얼마나 끔찍한 범죄인가! 당나귀보다 더한 죄를 저지른 누군가가 있다면 당장에 그가 희생해야 할 것이다.

즉각 동물들은 당나귀를 비난하기 시작했습니다. 늑대가 맨 처음으로 나섰고, 이윽고 판결이 내려졌습니다. 당나귀는 그 자리에서 제단도 없이 신께 바치는 희생양이 되었습니다.

나쁜 자가 아니라 약한 자가 희생양이 된다

이 이야기에서 따지고 보면 당나귀가 아니라 늑대나 사자가 희생양이 되어야 했죠. 당나귀가 이렇게 억울한 일을 당한 것은 당나귀의 힘이 약해서입니다. 그래서 당나귀가 불쌍합니다. 강한 자와 약한 자가 섞여 있는 세상에서는 약한 자들이 강한 자의 희생양이 되곤 합니다.

옛날 그리스에는 '이소노미아(isonomia)'라는 말이 있었습니다. '이소'는 같다는 뜻이고, '노미아'는 법을 뜻합니다. 그 뜻이 여러 가지로 해석되지만, 대개 '법 앞에서는 누구나 평등하다!'는 말로 옮겨집니다. 돈이 많거나 사회적 지위가 높다고 약한 처벌을 받고 가난하고 힘이 없다고 불평등한 처벌을 받는다면, 그 사회는 정의롭지 못합니다.

강자가 약한 자를 배려하지 않고 자기 마음대로 대하는 행동이 뭐가 잘못이냐고 생각한다면, 그런 갑질이 올바르지 않다는 것을 제대로 깨닫지 못해서인데요. 세상에 그것을 모르는 사람이 어디 있냐고 되물을 수 있지만, 우리 주변에는 그런 사람이 의외로 많습니다.

음식을 먹으러 갔는데, 식당이 너무 혼잡해서 일하는 분들이 경황이 없습니다. 그러다 보니 평소 자신이 다른 식당에서 받는 서비스를 제대로 받지 못해 갑자기 짜증이 납니다. 문득 이런 생각이 들죠. '내가 돈을 내고 서비스를 받는 건데, 손님을 왕처럼 대해줘야 하는 것 아냐? 이따위로 장사할 거면 돈을 받지 말아야지!' 그러면 불현듯 정신없이 일하는 식당 종업원들에게 짜증을 내고 험한 말을 내뱉습니다. 회사에서 월급을 주는 사장이 직원들을 대할 때, '내가 월급을 주는데 이런 일 정도는 시킬 수 있는 거 아냐?'라고 생각하며 업무와 상관없는 일을 시키는 것도 마찬가지죠. '내가 선배로서 먼저 고생을 했는데, 나중에 온 후배가 이런 고생 좀 하는 건 너무 당연한 거 아냐? 사회생활이 다 그런 거지!'라고 생각하는 것도요. 갑질을 다른 말로 하면 지위가 낮거나 힘이 약한 상대에게 예의를 갖추지 않으면서, 그런 자신의 행위에는 다 이유가 있다고 생각하는 것입니다. 이것들이 갑질이 올바르지 않다는 것을 안다고 말은 하지만 실제로는 알지 못하는 사례들입니다.

갑질에 대한 분노와 정의란 무엇인가?

철학자 플라톤은 이런 문제와 관련해서 '올바름, 혹은 정의'라는 것이 무엇인지를 묻습니다. 플라톤은 대화편, 《국가》에서 소크라테스의 입을 빌려 당시의 유명한 소피스트였던 트라시마코스의 생각을 비판합니다. 트라시마코스는 올바름이란 결국 강한 자가 자신의 이익에 부합한다고 믿고 있는 것이라고 말했거든요. 앞의 이야기에 나온 그대로입니다. 당나귀의 죄가 크다고 주장하는 늑대와 사자는 당나귀를 희생양으로 삼기 위해 남의 땅에 난 풀을 뜯어 먹은 일이 다른 동물들을 잡아먹은 일보다 더 나쁜 일이라고 정해버렸죠. 이렇게 강자가 자신의 이익에 맞게 마음대로 정한 법이 곧 올바름이자 정의라는 것입니다.

'내가 돈을 주니까 이런 일 정도는 시켜도 돼!'라고 생각하는 것이 바로 자신의 이익에 따라 법을 정하는 것과 같은 일입니다. 물론 그 반대의 경우, 다시 말해 회사에서 월급을 받으면서 제대로 업무를 보지 않거나, 돈을 받고 서비스를 제공하기로 약속을 했는데 특별한 사정없이 이를 제대로 이행하지 않는다면 약속을 지키지 않은 행위이니 비난받는 것은 당연합니다. 그런데 우리가 갑질이라고 판단하는 상황은 그런 정당한 이유가 아니라, 오직 자신의 이익을 위해 상식적이지 못한 핑곗거리를 대며 그 행위가 정당하다고 말할 때입니다.

우리가 갑질에 분노하는 것은 갑질이 올바른 행동이 아니라는 것을 잘 알아서입니다. 그렇다면 이런 올바름의 기준은 언제나 어디에서나, 또 누구에게나 변하지 않는 것일까요? 아니면 그때그때 상황에 따라 달라지는 것일까요? 절대주의의 입장에서는 절대 변하지 않는 올바름의 기준이 있다고 말할 것입니다.

반대로 상대주의의 입장에서는 변하지 않는 올바름이란 없다고 말하겠죠.

오늘날의 사회에서 모든 사람이 평등하다는 것은 보편타당한 원리처럼 보입니다. 누구라도 신분의 귀천이나 재산의 유무가 불평등의 이유가 되어서는 안 된다고 말합니다. 갑질에 분노하는 것도 이런 원리를 타당하다고 받아들이기 때문이죠. 그런데 누군가가 이렇게 주장합니다. "과거에 노예제도가 있었을 때, 또 신분제 사회였을 때는 누구나 평등하다는 원리는 당연하지 않았다. 따라서 이는 미래의 어느 시점에 다시 당연하지 않은 것이 될 수 있다." 얼핏 생각하면 우리를 혼란스럽게 만드는 주장입니다.

갑질에 대해 분노할 때, 우리는 인간이 평등하다는 원리를 절대 바뀔 수 없는 보편타당한 원리로 생각하는 것처럼 보입니다. 그런데 실제 역사는 그렇지 않았죠. 그래서 누군가는 그런 과거가 잘못되었기 때문에 우리가 바로잡고자 한다고 말할 수 있습니다. 그렇다면 오늘 우리가 믿고 있는 원리는 결코 틀릴 수 없이 보편타당할까요? 먼 훗날 후손들이 오늘의 우리가 잘못되었다고 말할 가능성은 전혀 없을까요? 만약 우리가 이 질문에 선뜻 대답하지 못한다면, 앞선 예에서 갑질을 했던 사람은 득의양양하게 이렇게 말할지도 모릅니다. "내가 갑질을 한다고 해서 누가 나를 비난할 것인가? 어차피 절대적인 가치는 없는데!"

상대주의의 위험, 사실의 논리로 규범을 평가하지 마라

윤리학에서는 이런 문제와 관련해 사실의 문제와 당위의 문제를 착각해서는 안 된다고 말합니다. 상대주의를 주장할 때, 어떤 도덕적 규범의 문제를 사실의 문제로 바꿔치기해서 설명하는 잘못을 범하면 안 됩니다. 거짓말을 하는 사람이 많다는 사실을 근거로, 거짓말을 해서는 안 된다는 도덕적 규범이 잘못이라거나 무의미하다고 말해서는 안 된다는 것입니다. 규범은 규범을 판단하는 시선으로 가늠해야 하고, 사실은 사실을 따져보는 방법대로 따져야 합니다. 트라시마코스와 같은 상대주의자는 이렇게 말하고 싶겠죠. '세상을 보라, 결국 힘을 가진 사람들의 주장이 받아들여지는 것이 아닌가?' 이는 '현실을 보라! 이 시험에서 100점을 맞는 사람이 하나도 없다. 따라서 100점은 불가능하다!'라는 것과 같습니다.

물론 절대주의가 맞느냐 아니면 상대주의가 맞느냐를 이론적으로 가리는 일은 몹시 어렵습니다. 상대주의는 분명한 장점을 갖고 있습니다. 그 장점은 절대주의가 가진 위험 때문입니다. 누군가 자신이 믿고 있는 원리가 절대로 타당하다고 하면, 그와 다른 생각을 가진 사람들은 모두 틀린 게 되죠. 이는 곧 오직 자신만이 옳다고 주장하는 독재를 정당화하는 위험을 초래합니다. 그 때문에 많은 사람이 인간 지성의 한계를 인정하고 상대주의를 주장하는 것입니다. 이런 의미의 상대주의는 건강한 상대주의라고 말할 수 있습니다.

그러나 상대주의는 다른 의미의 커다란 부작용을 안고 있습니다. 트라시마코스와 같이 절대적이고 보편적인 규범은 없다고 할 경우, 현실은 결국 강자의 논리만이 지배하는 세상이 됩니다. 상대주의가 이런 위험에 빠지는 이유는 앞서 말한 것처럼 사실의 논리를 가지고 규범을 평가해서입니다. 그리고 상대주의가 위험한 이유는 눈앞에 보이지 않는다고 해서 없다고 말해서입니다. 도덕적 규범은 우리가 가야 하는 목적지와 같습니다. 그 목적지에 언제 도달할 수 있을지는 분명하지 않죠. 우리가 도덕적 규범들을 따져보는 이유는 그 목적지로 향해 가는 우리가 방향을 제대로 잡고 있는가를 가늠하기 위해서지, 현재 우리가 그 목적지에 도달하지 못했다고 해서 그런 목적지는 세상에 없다고 말해서는 안 됩니다.

노이라트의 배

오토 노이라트
Otto Neurath, 1882~1945

　상대주의와 절대주의 사이의 철학적 논쟁은 쉽게 결말이 나지 않습니다. 각각의 입장에 장단점이 있기 때문입니다. 절대주의를 받아들이면 모든 사안에 대해 분명한 답이 있다는 점에서 명쾌하나 독선의 위험이 있고, 상대주의를 받아들이면 독선을 피하기는 쉽지만 결국에는 정답이 없기 때문에 강자의 논리가 지배하는 세상이 될 수도 있죠. 그렇다고 현명한 방법이 없는 것은 아닙니다.

　오토 노이라트라는 과학철학자는 이런 상황에서 도움이 될 만한 재미있는 비유를 한 적이 있습니다. 과학자들은 진리를 향해 배를 몰고 있는 항해자와 같다는 것입니다. 그런데 배에 문제가 생겼습니다. 수리를 해야 하는데 안전하게 정박할 항구가 어디인지 정확하지가 않습니다. 노이라트는 이런 경우 어느 방향이 그 항구를 향하는지를 두고 논쟁하기보다는 우선 배를 수리해가며 항해를 계속해야 한다고 말합니다.

• 앞으로 나아가면서 계속 고쳐가기

우리는 이 사회가 더 좋아지기를 바랍니다. 그런 사회가 우리가 가야 할 목적지라고 생각해봅시다. 그런데 이런 목적지가 사실은 없는 곳이라면, 그곳을 향해 가는 방향이 맞는지 아닌지를 판단하는 일은 의미가 없죠. 그런데 문제는 그 목적지가 플라톤의 말처럼 실제로 있는지, 아니면 트라시마코스의 말처럼 없는 곳인지를 확인할 증거가 분명하지 않다는 점입니다. 그래서 사람들이 목적지가 있느냐 없느냐를 두고 논쟁을 벌일 수 있습니다. 하지만 우리 사회에 문제가 없다면 모를까 자칫하면 배를 침몰시킬 수 있는 커다란 구멍들이 보입니다. 그러니 이런 경우 노이라트의 생각을 빌리면, 우리가 할 일은 그 목적지가 실제로 있느냐 없느냐로 논쟁을 벌이기보다는 일단 우리 사회의 고장 난 부분을 수리하는 것이 먼저라는 것입니다.

네가 받고 싶은 대로 남을 대접하라

여우와 황새

어느 날 여우가 자기 딴에는 재밌는 계획을 세웠습니다. 여우는 늘 황새가 우스꽝스럽게 생겼다고 생각했는데, 그 황새를 저녁 식사에 초대하기로 한 것입니다.

"우리 집에 와서 저녁을 같이 먹자!"

여우는 속내를 감추고 얼굴에 미소를 띤 채 황새를 초대했습니다. 황새는 기쁜 마음으로 초대에 응했습니다. 그래서 시간에 맞추어 딱 배고픈 상태로 여우 집에 도착했습니다.

여우는 황새에게 맛있는 수프를 대접했습니다. 그런데 수프가 넓은 접시에 담겨 있었습니다. 부리가 긴 황새는 도대체 그 수프를 한 방울도 먹을 수가 없었죠. 하지만 여우는 아주 쉽게 수프를 핥아 먹었고, 황새의 실망은 이만저만이 아니었습니다. 여우는 황새의 그런 모습을 보는 게 그렇게 재미있을 수가 없었습니다.

배가 너무 고팠던 황새는 여우의 속임수에 약이 올랐지만 조용히 평정심을 유지했습니다. 화난 모습을 보여야 좋을 게 없을 테니까요. 대신 황새는 며칠 뒤 여우를 저녁 식사에 초대했습니다. 여우도 흔쾌히 응해서 약속 시간에 맞추어 황새의 집을 찾았습니다. 황새는 저녁 식사로 생선 요리를 대접했습니다. 그 냄새가 얼마나 그럴듯한지 여우는 식욕이 돋았습니다. 그런데 요리가 목이 아주 좁은 호리병 같은 병 안에 들어 있었습니다. 황새는 긴 부리로 쉽게 음식을 먹을 수 있었지만, 여우는 아무리 해도 먹을 수는 없고 맛있는 음식 냄새로 괴로웠죠. 마침내 여우가 화가 나서 불평을 늘어놓자, 황새는 조용히 말했습니다.

"자기가 이웃을 대접한 그대로 받는 법이지!"

눈에는 눈, 이에는 이! 황금률의 법칙

자신이 타인에게 한 대로 받게 된다는 황새의 충고는 황금률이라고 부릅니다. 대부분의 나라에서 전해오는 삶의 원리지만, 기독교에서 말하는 것이 가장 일반적입니다. "다른 사람이 너희에게 하지 않기를 원하는 것을 너희가 다른 사람에게 행하지 말라!" 이를 바꾸어 말하면 "네가 받고 싶은 대접을 상대방에게 하라!"입니다. 여우와 황새의 이야기에 딱 들어맞네요.

일상에서는 흔히 '눈에는 눈, 이에는 이'라고 말합니다. 누군가 내게 잘해주면 그 사람에게도 잘해주고 싶고, 반대로 못되게 구는 사람에게는 말 한마디라도 친절하게 나가질 않죠. 사람의 자연스러운 본성이기도 합니다. 최초의 성문법인 고대 바빌로니아 왕국의 함무라비 법전에도 이 원리가 나옵니다. 남에게 해를 입혔을 때, 그 해를 입힌 만큼의 벌을 받는 건데요. 물론 같은 계급의 사람들 사이에서 사건이 일어났을 때 적용하지만, 내가 상대에게 준 고통만큼 상대 역시 내게 그런 고통을 줄 수 있는 권리가 있습니다.

이런 생각은 시대와 문화를 건너 전 인류에게 공통입니다. 바로 그런 이유로 황금률이라고 불리는지도 모릅니다. 황금은 변하지 않으니까요. 공자(孔子, B.C. 551~B.C. 479)의 제자인 자공이 어느 날 평생 간직할 수 있는 가르침을 달라고 하자, 공자가 이렇게 말했습니다. "기소불욕 물시어인(己所不欲 勿施於人)", 내가 하기 싫은 일을 남에게 시키지 말라는 뜻입니다. 갑질은 이런 점에서 보면 황금률을 어긴 것이고, 눈에는 눈, 이에는 이의 원리를 따르면 자기 자신도 다른 사람에게 똑같은 대접을 받아야 합니다.

황금률이 현실에서는 어떻게 작용할까요? 하나의 사고 실험을 해봅시다. 모든 사람이 눈에는 눈 이에는 이라는 원리를 따른다고 해보죠. 이를 편의상 '대칭의 원리'라고 합시다. 자기가 받은 만큼 되돌려주는 것입니다. 이는 우리의 자연스러운 정의감에 들어맞는 공정한 인간관계처럼 보이는데요. 여기에 하나를 더 추가합니다. 자기가 누군가에게 어떤 대접을 받았다면, 그 대접을 다른 사람에게 똑같이 해주는 것입니다. 내가 철수에게 좋은 대접을 받았다면, 그 대접을 영희에게도 해주는 것이죠. 부모님께 받은 사랑을 자식에게 이어주는 것처럼 이 원리는 그렇게 비현실적일 것 같지는 않습니다. 이를 편의상 '전이의 원리'라고 하겠습니다. 만약 어떤 사회가 '대칭의 원리'와 '전이의 원리'가 잘 지켜진다면 어떻게 될까요? 그러면 그 사회는 둘 중 하나일 것입니다. 모든 사람이 서로에게 잘 대해주는 사회이거나 서로에게 복수하기 위해 혈안이 된 사회. 물론 이는 지나치게 과장된 생각입니다. 다만 이 사고 실험은 대칭의 논리와 전이의 논리가 적용되는 사회에서는 항상 순서가 문제라는 것을 보여줍니다.

선순환과 악순환이라는 말이 있습니다. 순환적 관계에서 좋게 시작하면 점점 더 좋아지지만, 시작이 안 좋았다면 점점 더 나빠지는 경우를 말합니다. 경제가 대표 사례입니다. 투자와 소득, 그리고 소비가 선순환 관계면 경제가 잘 돌아가고 성장합니다. 악순환 관계면 투자가 줄어 소득이 줄고, 소득이 주니 소비가 줄어 다시 투자가 줄어드는 늪에 빠져 경제가 쇠락하게 되죠. 경제와 사회, 인간관계에서 선순환과 악순환은 그 출발점이 무엇이냐의 문제와 관련이 있습니다. 최초의 출발점이 무엇이냐에 따라 선순환이 될 수도, 악순환이 될 수도 있습니다. 따라서 우리는 출발점이 어때야 하는지를 물어야 합니다.

정언명령과 양심에 따르는 사회를 만들 수 있을까?

철학자 칸트는 윤리적인 행위는 결코 어떤 조건이나 가정 때문에 이끌어져 나오지 않는다고 말합니다. 그는 이를 정언명령이라고 부르는데요. 정언(categorical)이란 간단히 말해 어떤 조건이 붙지 않는다는 말입니다. '무엇 때문에' 어떤 행위를 한다. 혹은 '무엇을 위해서' 어떤 행위를 한다가 아니라, 아무런 조건이나 단서 없이 행위를 해야 도덕적이라고 할 수 있다는 것입니다.

칸트는 조건이나 단서가 붙은 행위를 '가언적(hypothetical)'이라고 말합니다. 우리가 하는 일상 대부분의 행동은 가언적입니다. 치킨을 먹습니다. 왜 먹을까요? '맛있으니까!' 혹은 '맛있는 것을 먹고 싶어서'와 같은 단서가 붙죠. 친구와 함께 놀러 갑니다. 그 이유는 '친구와 즐거운 시간을 보내기 위해서'입니다. 이렇게 뭔가를 위해서 혹은 무엇 때문에 어떤 행위를 할 때, 칸트는 그런 행위는 가언적이며 도덕적인 행위라고 할 수 없다고 합니다.

황금률의 경우는 어떨까요? 황금률에 따른 행위는 도덕적인 행위일까요? 누군가가 잘해주었기 때문에 나도 남에게 잘해준다면, 도덕적인 행위라고 하기 어렵습니다. 또 상대방이 내게 잘해줄 것을 기대하고 그런 기대 때문에 먼저 상대방에게 잘 해준다면, 그 역시 도덕적이지 않습니다. 이미 그 행위는 순수함을 잃었으니까요. 그런데 만약 누군가가 다른 사람에게 그런 조건이나 기대 없이 그저 돕고 싶은 마음에서 행위했다면 어떨까요? 옆에 있던 사람들이 묻습니다. "왜 저 사람을 도왔습니까?" 그러자 이렇게 답합니다. "이유는 없습니다. 그냥 도와주고 싶어서요!" 이 경우에 그의 행위는 도덕적이라고 할 수 있습니다.

황금률은 정언적으로도 또 가언적으로 해석할 수 있습니다. 가언적으로 해석한다면, 이렇게 말했을 것입니다. "내가 저 사람을 도와야 다른 사람도 나를 도와주지 않겠어요!" 그런데 황금률을 가언적으로 해석하면 악순환의 문제에 빠집니다. 만약 위기에 빠졌을 때 아무도 나를 도와주지 않을 거라고 생각한다면, 나는 결코 다른 사람을 향해 도움의 손길을 내밀지 않을 테니까요.

칸트가 말하는 정언명령은 아무런 조건이나 대가에 대한 고려 없이 순수하게 마음이 일어나 남을 돕는 행위입니다. 칸트는 이를 선의지(善意志, guter Wille)라고 부릅니다. 이를 우리말로 바꾸면 양심이라 할 수 있습니다. 누군가 어려움에 빠졌습니다. 그런데 그를 도와줘도 그가 내게 뭔가 해줄 것 같지 않습니다. 하물며 주위에는 아무도 없어서 내가 그를 도와줘도 칭찬해줄 사람도 없습니다. 그래서 그냥 외면하기로 합니다. 그때 이런 생각이 듭니다. '이거 뭔가 꺼림칙한데…', 이 꺼림칙한 기분을 표현할 때 "양심에 찔린다!"고 하죠. 바로 그 마음이 바로 선의지가 일어나는 것입니다.

협력의 진화, 선한 행동으로 먼저 시작하다

로버트 엑셀로드(Robert Axelrod, 1943~)는 자신의 책 《협력의 진화》에서 한 실험을 소개합니다. 그 실험은 일종의 시뮬레이션 게임인데, 참가자들에게 특정한 행동전략을 정하게 합니다. 어떤 참가자는 이기적으로 행동하도록 하고, 또 어떤 참가자는 이타적으로 행동하는 것을 전략을 삼기도 합니다. 물론 이기적이고 이타적인 것도 다 정도가 있으므로 나름의 전략을 세웠겠죠. 철저하게 남을 배신하면서까지 이기적일 수도 있고, 오직 상대가 하는 것을 봐서 그에 맞추어 대응하지만 이익과 손해가 명백하게 차이가 날 경우에는 이기적으로 행동하도록 전략을 세울 수도 있고요. 어쨌든 그 결과가 어땠을까요? 얼핏 생각하면 그 게임에서 최종 승자는 이기적인 전략일 것 같습니다. 그런데 결과는 '눈에는 눈, 이에는 이(이를 팃포탯Tit for Tat 전략이라고 부릅니다)'의 전략을 펼친 참가자의 우승이었습니다.

'눈에는 눈, 이에는 이'라는 인류 문명의 아주 오래된 행동전략이 왜 그토록 오랫동안 유지되었는지를 증명한 셈입니다. 상대가 착하게 나오면 나도 착하게 대해주고, 반대로 상대가 나를 배신하면 철저하게 응징하는 전략이 가장 효과적이라는 건데요. 이후의 반복된 실험에서도 결과는 마찬가지였습니다. 참가자들은 자신들의 전략을 점점 더 세련되고 정교하게 만들었지만 결과는 가장 단순한 원리, 즉 눈에는 눈, 이에는 이가 가장 효과적이었습니다. 게임의 결과가 보여주듯 팃포탯 전략은 상대가 나를 어떻게 대할지 불확실한 상황, 즉 내게 좋은 의도를 가진 사람인지 배신할 수도 있는 사람인지가 불확실 때의 행동전략으로 가장 좋은 전략인 것이죠.

인간은
이기적인 존재라는
말의 오해

애덤 스미스
Adam Smith, 1723~1790

인간이 이기적인 존재인지 아니면 이타적인지에 대한 논쟁은 인류 지성사에서 오래된 논쟁이지만, 최근에는 생물학계에서도 뜨거운 논쟁거리입니다. 심지어 리처드 도킨스(Richard Dawkins, 1941~)는 유전자마저도 이기적이라고 비유하기까지 했습니다. 물론 도킨스가 말했듯이 유전자가 정말 이기적이라는 뜻은 아닙니다. 다만 생각도 없고 욕망도 없는 유전자가 자기복제를 하는 과정을 보면, 이기적이라는 표현으로 설명하는 것이 좋다는 뜻이죠.

앞서 행복에 관해 말했을 때처럼 이기적인지 이타적인지를 가늠하는 일을 이분법적으로 보는 태도 자체가 잘못입니다.

불행하지 않다고 해서 곧 행복하다고 말할 수 없는 것처럼, 이기적이지 않다고 해서 이타적이라거나, 이타적이지 않다고 해서 이기적이라고 생각해버리는 것은 잘못된 판단입니다. 대부분의 일상에서 우리는 이기적일 때도 이타적일 때도 있습니다. 이기적인가 이타적인가를 가늠할 때 우리는 동기와 결과의 문제를 자주 잊곤 합니다. 앞서 이중효과에 대해 말했던 것처럼, 착한 동기에서 시작했는데 결과가 나쁠 수도 있습니다. 마찬가지로 누군가 이기적인 동기에서 한 행동이 결과적으로는 이타적일 수도 있고요.

•보이지 않는 손

《국부론》으로 유명한 애덤 스미스는 우리가 식탁에서 밥과 고기를 먹을 수 있는 것은 농부와 푸줏간 주인의 이타심 때문이 아니라, 각자가 자신의 이익을 위해 노력하지만 '보이지 않는 손'이 결과적으로 모두에게 혜택이 돌아가도록 해주어서라고 말했습니다. 보이지 않는 손에 대한 믿음이 그 이후 세대는 물론 오늘날의 우리에게까지 커다란 영향을 주는데요. 자신의 이익을 위해 노력하면 결과적으로 사회가 풍요로워진다는 믿음이 생긴 것입니다. 따라서 이기적으로 행동해도 괜찮다는 이상한 믿음이 확산됩니다. 이때의 이기심은 남에게 피해를 주면서까지 이익을 취하는 태도가 아니라, 그저 자신을 보존하고 지키는 것을 먼저 생각하는 태도를 가리킵니다. 심지어 스미스는 인간의 본성 중에는 그런 나쁜 이기심도 있으므로 풍요로운 사회가 되려면 나쁜 이기심을 철저하게 규제해야 한다고도 말합니다. 이타적이기까지는 못해도 중립적인 의미에서의 이기심을 비난할 수는 없습니다. 모든 존재가 자신을 우선으로 생각하는 것은 당연하니까요. 우리가 흔히 이타적이라고 말하는 사람들, 자신보다 남을 먼저 생각하는 사람들이 특별한 존재인 것이죠.

엑셀로드의 실험이 보여주듯 남에게 피해를 주더라도 자신의 이익을 먼저 챙기는 사람은 짧은 순간에는 이익을 얻을지 모르지만, 긴 시간에서 보면 결코 승리할 수 없습니다. 자신이 나쁜 의미에서 이기적으로 행동함으로써 그 사람 주변에는 온통 이기적인 사람들만 남게 될 테니까요. 이렇게 악순환이 시작됩니다. 이기적인 사람들이 모여 사는 사회와 이타적인 사람들이 모여 사는 사회, 우리는 어느 사회에서 살고 싶을까요? 자기 주변을 이타적인 사람들로 채우는 방법은 무엇일까요? 다른 것은 몰라도 이것은 분명합니다. 일단 내가 이기적으로 행동한다면 악순환이 시작됩니다.

근면이
답이다

파놉티콘(panopticon)
=어디에서든(pan)+본다(opticon)!
자기 스스로 조심하는 습관을 들이고,
감시당한다는 생각이 내면화된다!

농부와 자식들

　부유한 농부가 있었습니다. 농부는 어느새 나이가 들어 이제 살날이 얼마 남지 않았다는 생각에 자식들을 불러 모았습니다.

　"얘들아, 내가 말하는 걸 잘 기억해두렴. 오랫동안 집안에 전해오는 이야기인데, 우리 농장에 큰 보물이 숨겨져 있다는구나. 나는 아직도 그 정확한 위치를 모른단다. 평생을 찾아봤지만 찾지 못했어. 하지만 어딘가 틀림없이 있을 거야. 너희들이 그걸 찾기 바란다. 열심히 땅을 뒤져서 찾아보렴. 샅샅이 뒤져야 한다."

　아닌 게 아니라 얼마 지나지 않아 농부는 세상을 뜨고 말았습니다. 자식들은 장례를 치르고 얼마 지나지 않아 아버지의 유언에 따라 농장의 땅을 뒤지기 시작했습니다. 농장 곳곳의 땅을 빠짐없이 갈아엎기를 두세 번을 했지만, 어느 곳에서도 숨겨진 보물을 찾을 수 없었습니다.

　하지만 가을에 추수를 하니 이웃 농부들보다 훨씬 많은 수확물을 거둘 수 있었습니다. 그제야 자식들은 아버지가 찾아보라던 보물이 무엇인지 깨달았습니다. 아버지가 말한 보물은 풍요로운 곡식과 근면이라는 것을 이해한 것이죠.

파놉티콘과 자기 감시의 환영

프랑스의 철학자 미셸 푸코(Michel Foucault, 1926~1984)는 현대 철학의 시작을 알린 사람 가운데 한 명입니다. 푸코의 작업은 흔히 고고학적 방법이라고 표현하는데, 고고학은 어떤 유물의 기원을 찾아가는 학문입니다. 푸코는 오늘날 우리가 당연하다고 믿고 진리라고 생각하는 믿음의 기원을 추적합니다. 그 결과 오늘날 우리가 보편타당하다고 여기는 믿음이 사실은 어떤 특정한 시대적 조건에서 만들어진 믿음이라는 것을 폭로하고자 했습니다. 푸코가 특별히 관심을 기울인 것은 유럽의 근대를 지배한 생각들이었는데요. 예를 들어 근대 유럽의 정신을 특징짓는 표현은 바로 이성입니다. 계몽주의는 인간의 이성에 대한 무한한 믿음을 보여주는데요. 인간이 인간다울 수 있는 이유는 이성을 가진 존재여서입니다.

푸코는 아주 섬세하고 꼼꼼한 작업을 통해 근대를 상징하는 생각들이 어떻게 사람들에게 광범위하게 퍼져 시대를 지배하게 되었는지를 분석해냅니다. 푸코의 분석 중에 매우 흥미로운 것 하나가 바로 파놉티콘(panopticon)입니다. 파놉티콘은 말 그대로만 어디에서든(pan) 본다(opticon)는 뜻인데, 일종의 감시 체제입니다. 파놉티콘은 우리에게 '최대 다수의 최대 행복'이라는 말로 잘 알려진 공리주의자 제러미 벤담(Jeremy

Bentham, 1748~1832)이 고안해낸 기발한 감옥의 이름이죠. 이 감옥이 실제로 지어지지는 않았습니다. 단지 그 설계도만이 있었을 뿐인데요. 감옥 이름은 어디서든 본다는 뜻으로, 수감자가 어디서든 감시당한다는 생각을 하도록 설계했지요. 요즘으로 치면 폐쇄회로 텔레비전(CCTV)이 어디에나 있다고 생각하면 됩니다. 파놉티콘은 수감자는 감시당하지만, 수감자가 자신을 감시하는 사람이 무엇을 하는지는 볼 수 없도록 설계되었는데요. 벤담이 이런 감옥을 생각한 이유는 수감자의 행동을 교정하기 위해서였습니다.

한국의 전통 생활 원리 중에도 이와 비슷한 것이 있습니다. '신독(愼獨)'이 바로 그것인데요. 신독은 사서삼경 중 하나인 《대학》에 나온 말로, 혼자 있을 때도 도리에 어긋나는 행동을 하지 않아야 한다는 뜻입니다. 다시 말해 혼자 있을 때도 마치 남들이 보고 있는 것처럼 행동하라는 가르침인데요. 이런 말이 전해지는 이유는 남들이 볼 때는 도리에 어긋나는 행동을 하지 않지만, 남들이 보지 않을 때는 그렇지 않은 사람이 많다는 거겠죠. 길거리에서 쓰레기를 아무 곳에나 버리기 쉬운데, 근처에서 CCTV를 보거나 최소한 CCTV가 있다는 문구를 보기만 해도 사뭇 조심하게 됩니다. 이것이 파놉티콘의 원리를 오늘날의 기술로 구현한 것이라고 할 수 있습니다.

사람을 정신적으로 관리하고 지배하는 기술이 탄생한 시대

벤담이 이런 행동 교정의 장치를 고안해낸 것은 당시에 수많은 범죄자와 알코올중독자 혹은 부랑자를 이 파놉티콘에 수감시켜 교화하려고 했기 때문입니다. 그런 행동 교정 대상자 중 한 부류는 노동을 하지 않으려는 사람들이었습니다. 벤담은 노동에 대한 의지가 약해진 사람들에게 자신이 감시받는다는 생각이 들게 함으로써 노동하는 습관을 길러주려고 했던 것입니다.

푸코는 벤담의 이 계획을 분석하면서 하나의 생각이 사람들에게 퍼지고 내면화되는 과정을 추적합니다. 파놉티콘의 아이디어는 실제로 감시자가 없어도 감시받는 사람이 감시당한다고 믿게 만드는 건축물의 구조적인 특성에 있습니다. 실제로 감시를 받든 받지 않든 수감자는 자신이 감시당한다는 생각에서 벗어나지 못합니다. 그 결과 자기 스스로 조심하는 습관을 들이고, 감시당한다는 생각이 내면화되는 것이죠.

이 이야기에서도 농부는 땅에 보물이 묻혀 있다는 믿음을 자식들에게 심어줍니다. 그 믿음으로 인해 자식들은 열심히 일하죠. 결과만 보면 벤담이 구상한 계획을 농부는 보물에 대한 기대와 믿음으로 구현했다고 할 수 있습니다. 물론 이런 방식이 과연 좋은가에 대해서는 논란의 여지가 있죠. 실제로 푸코가 파놉

티콘의 사례를 분석한 것은 근대가 사람을 정신적으로 관리하고 지배하는 기술이 탄생한 시대임을 보여주기 위해서였습니다. 그러나 자발적인 의지가 아니라 아주 교묘한 장치에 의해 자기도 모르게 내면화된 특정한 생각이 폭력적인 것이라면, 이는 아주 위험합니다. 그 사람은 그런 생각을 당연한 진리라고 믿기 때문입니다. 실제로는 파놉티콘 같은 구조를 가진 사회가 그의 머릿속에 몰래 심어놓은 것인데 말입니다.

청교도 정신은 자본주의를 어떻게 발달시켰는가?

우리 주변에서는 기발한 아이디어 하나로 단번에 많은 돈을 벌었다, 주식이나 부동산 투자로 대박을 쳤다, 또 유튜브 스타나 연예인이 되어 성공한 이야기들이 넘쳐납니다. 실제로 그렇게 성공한 사람들이 얼마나 노력을 했는지는 잘 알려지지 않죠. 보이는 것은 오직 그들의 성공이라는 결과뿐입니다. 그래서 그들이 기울인 노력은 가려진 채, 그저 운이 좋아서 그렇게 된 것처럼 보일 때가 많습니다. 물론 운이 좋았던 사람들도 없지는 않겠죠. 하지만 어떤 분야에서든 성공하기 위해서는 수많은 시행착오와 고민 그리고 노력이 필요합니다. 우리가 결과만을 본다면, 그 과정의 험난함에 대해서는 생각하지 않는 것이죠. 그래서 성공한 사람들이 성공을 거두기 위해 얼마나 험난한 과정을 거쳤는지를 알게 되면, 훨씬 더 감동을 받습니다.

우리 사회가 왜 그렇게 결과만을 바라보고 일확천금을 꿈꾸게 되었을까요? 자본주의 시장경제는 화폐경제를 기반으로 작동합니다. 화폐, 즉 돈은 교환의 수단으로서 돈만 있으면 무엇으로든 바꿀 수 있죠. 그래서 어느샌가 사람들은 자신의 소망과 돈을 동일시합니다. 마치 수학에서 '2+3=1+4'와 같은 등식이 성립하듯이, 돈은 곧 모든 사람의 서로 다른 소망과 등가의 것이죠. 그래서 사람들의 인생 목표 자체가 돈이 되어버리는 상황이 온 것입니다. 그러다 보니 돈의 많고 적음이 그 사람의 능력이 많고 적음으로 간주되고, 심지어 인격마저도 돈의 유무로 바꾸어 생각하는 일도 생겨버렸습니다. 앞서 이야기한 갑질이 바로 돈 때문에 일어날 때가 많습니다.

이런 상황은 시장 자본주의의 부작용입니다. 자본주의는 본래 우리의 삶을 풍요롭게 해주기 위한 제도인데요. 독일의 사회학자 막스 베버(Max Weber, 1864~1920)는 푸코와 비슷하게 어떻게 자본주의가 성장했는지를 분석합니다.

베버에 따르면, 근대 유럽에서 자본주의 성장의 중요한 동기 중 하나는 청교도 정신입니다. 종교개혁 이후로 새롭게 등장한 청교도들은 삶의 원리를 근면과 성실로 삼습니다. 따라서 노동의 가치를 무엇보다도 중요하게 생각하죠. 벤담의 파놉티콘 역시 그런 시대적 분위기에서 나온 아이디어였고요. 그런데 청교도들은 근면과 성실만이 아니라 검소한 생활 역시 강조합니다. 그들은 '낙타가 바늘귀를 통과하는 것이 부자가 하느님의 나라에 가는 것보다 쉽다'는 예수님의 말씀을 깊이 새겼습니다. 그렇다고 그들이 돈을 멀리하거나 부자를 경멸한 것은 아닙니다. 오히려 부자가 되었다는 것은 그가 성실하고 근면하게 살았다는 뜻이므로 존경받을 만한 일이며, 천국에 갈 자격이 있음을 보여준다고 믿었습니다. 경건한 신앙심을 가진 그들은 천국에 가기 위해서라도 열심히 일했고 부자가 되려고 노력했습니다. 다만 그들은 축적한 돈으로 사치스럽고 방탕한 삶을 이어가 정신적으로 타락하는 것을 경계했죠. 그래서 검소하게 살 것을 그토록 강조합니다. 예수님이 말한 천국에 들어가지 못하는 부자는 탐욕스럽고 타락한 부자를 가리킵니다.

그런데 여기서 재미있는 일이 벌어집니다. 성실하고 근면하게 살아서 돈을 많이 버는데, 정작 그 돈을 쓰지 않으니 점점 더 돈이 모이죠. 그러다 보니 그 거대한 돈이 자본이 되어 기업이 생겨나고, 그 기업들은 많은 물건을 만들어내어 시장을 키우고, 시장이 커지니 더 많은 기업이 생겨나는 선순환의 과정이 시작된 것입니다. 베버는 유럽에서 자본주의가 성장한 과정을 분석하면서 사람들에게 광범위하게 퍼진 믿음이 얼마나 크게 사회를 바꿀 수 있는지를 생생하게 보여줍니다.

부자는 본래 성실하게 노력한 삶의 결과였습니다. 그런데 오늘날 부자는 성실하고 노력하는 삶의 의미와는 사뭇 거리가 생겨버렸죠. 과정보다는 결과인 돈만 생각하기 때문입니다. 그러다 보니 돈을 위해 사람을 배신하는 일도 생기고, 그렇게 악순환이 시작되어 성실하게 노력하는 삶이 한순간에 나락에 떨어지는 일도 벌어집니다. 이렇게 변해버린 사회 구조는 마치 파놉티콘이 수감자의 생각을 바꾸어 버리듯 차츰차츰 사람들의 생각을 바꾸고, 그렇게 바뀐 생각이 어느새 당연한 믿음으로 내면화되어버린 것입니다.

철학 수업

돈이 돈을 버는 세상

카를 마르크스
Karl Marx, 1818~1883

독일의 경제학자이자 철학자인 카를 마르크스는 자본주의의 타락은 필연적이라고 봤습니다. 시장경제의 구조 자체가 사람들을 타락시킬 수밖에 없다고 본 것입니다. 마르크스는 그 이유를 돈을 많이 버는 것을 목표로 삼는 시장경제의 구조가 사람들에게 더 많은 이익을 내기 위해 다른 사람들을 착취하도록 유혹한다는 데서 찾습니다. 게다가 일단 자본을 가진 사람과 자본이 없는 사람이 시장에서 경쟁하다 보면 자본이 많은 사람이 유리하기 마련이죠.

그 과정이야 어찌 되었든 돈이 많은 사람은 돈이 없는 사람보다 훨씬 더 유리한 위치에서 경쟁하므로, 돈이 많은 사람이 돈이 적은 사람의 돈을 따는 것은 당연합니다. 시장에서 대기업과 조그마한 상점이 경쟁하는 것을 생각해봅시다. 대기업이 막대한 자본과 물량으로 공세에 나서면 골목의 조그마한 상점들은 견디어낼 수 없습니다. 이런 과정이 반복되면 돈이 있는 사람은 점점 더 부유해지고, 돈이 없는 사람은 점점 더 가난해집니다. 오늘날 세계 곳곳에서 커다란 사회적 문제인 빈부격차가 점점 더 커지는 것이죠.

• 《21세기 자본론》

최근 프랑스의 경제학자 토마 피케티는 아주 흥미로운 분석을 내놓고, 이를 마르크스의 《자본론》에 빗대어 《21세기 자본론》이라고 이름을 붙였습니다. 피케티의 분석에 논란이 있기는 하지만, 그 핵심은 열심히 일해서 부자가 될 확률과 단지 돈을 가졌기 때문에 더 큰 부자가 될 확률을 비교한 것입니다. 그에 따르면, 돈으로 돈을 버는 것이 노동을 통해 돈을 버는 것보다 훨씬 더 많은 돈을 벌게 해줍니다. 다시 말해 애초에 부자인 사람이 가진 돈을 투자해 얻는 이익이 오직 노동을 통해 얻는 이익보다 훨씬 크다는 건데요. 시장경제가 상품경제로부터 금융경제로 바뀌면서, 즉 돈으로 돈을 버는 세상이 되면서 이런 과정은 점점 더 가속화됩니다.

요즘 세간에 유행하는 말 중에 조물주 위에 건물주라는 말이 있죠. 이는 우리 모두 잘 알듯이, 건물과 같은 자본을 가지면 힘든 일을 하지 않아도 편하게 살 수 있어 좋다는 뜻입니다. 피케티의 분석은 바로 이런 상황을 보여주는 거고요. 그래서 사람들은 어떻게든 돈을 벌고자 합니다. 가능한 한 빨

토마 피케티
Thomas Piketty, 1971~

리 돈을 모아 건물주가 되려고 하죠. 돈이 곧 목표입니다. 그런데 이쯤에서 우리가 왜 돈을 벌려고 하는지 생각해봐야 합니다. 돈은 뭔가를 하기 위한 수단이지, 그 자체가 목적은 아니죠. 행복하게 잘 살기 위해 돈을 버는 것이지, 돈을 벌기 위해 사는 게 아닙니다. 우리가 그저 돈을 벌기 위해 산다면, 이는 뭔가 잘못된 것입니다. 우리는 이 뻔한 생각을 자꾸만 잊어버립니다. 그 이유는 한편으로 우리가 그런 생각의 끈을 자꾸만 놓쳐서이지만, 다른 한편으로는 돈이 없으면 너무 힘들고 불편한 세상, 심지어 최소한의 인간다운 삶도 영위하기가 어려운 세상이 되어서입니다.

정당하게 일한 자만
소유할 권리가 있다

늑대와 사자

늑대 한 마리가 양 한 마리를 훔쳐서 열심히 자기 집으로 가져가는 중이었습니다. 늑대는 혼자서 마음 편하게 잔치를 할 생각이었죠. 하지만 그 모든 계획이 수포가 되고 말았습니다. 가는 길에 사자를 만났거든요. 사자는 다짜고짜 늑대의 양을 훔쳐갔습니다.

늑대는 사자에게서 멀찌감치 떨어져서 화가 난 목소리로 외쳤습니다.

"너는 내 재산을 그렇게 빼앗아갈 권리가 없어!"

사자가 고개를 돌려보니 늑대는 이미 멀리 떨어져 있었습니다. 사자는 으르렁거리는 대신 이렇게 말했습니다.

"네 재산이라고? 네가 이걸 돈이라도 주고 사왔니? 아니면 양치기가 선물로 주던? 얘기 좀 해봐. 네가 이걸 어떻게 얻었는지!"

조선 시대 허균의 소설 《홍길동전》에는 의적 홍길동과 활빈당의 활약상이 나옵니다. 홍길동과 활빈당은 탐관오리가 백성에게서 착취한 돈을 훔쳐와 어려운 처지에 있는 사람들에게 나눠줍니다. 독자들은 탐관오리의 못된 행실에 화가 나 있던 차라 홍길동의 행동이 시원하기 짝이 없습니다. 그런데 홍길동의 행위가 정당한 행위일까요? 목적이 선하다면 그 수단은 아무래도 괜찮을까요? 아무리 목적이 좋아도 그 수단이 부당하다면, 결코 좋은 일이라고 할 수 없습니다.

《홍길동전》은 당시 부패한 사회를 고발하고 비판하기 위한 것이었습니다. 만약 부당하게 백성을 착취한 탐관오리를 벌할 수 있는 법이 제구실했다면, 홍길동이 도적질을 하지 않아도 되었겠죠. 하지만 공명하고 정대한 법이 없었던 탓에 홍길동은 도적질이라는 편법을 사용할 수밖에 없었습니다. 따라서 우리가 홍길동의 행위를 의롭다고 이해해줄 수 있는 유일한 조건은 탐관오리가 부당하게 백성을 착취했을 때, 그로 인해 백성이 너무 힘들게 고통을 겪는데 이를 바로잡을 합리적인 방법이 없을 때입니다. 이런 조건들이 만족되면, 우리는 홍길동과 활빈당의 행동을 일종의 정당방위 차원에서 볼 수 있습니다.

영국의 민담에 나오는 의적 로빈 후드도 마찬가지입니다. 그가 어떤 부자의 돈을 훔쳐 가난한 사람들에게 나눠줍니다. 그러나 그 부자가 다른 사람에게 해를 끼치지 않고 열심히 일해서 부자가 된 거였다면, 그의 행동을 결코 의로운 행동이라고 할 수 없죠. 로빈 후드를 의적이라고 부른 이유는 당시의 사회가 그만큼 부패하고 타락했지만, 그 문제를 고칠 방법이 보이지 않아서였을 것입니다. 가장 좋은 것은 우리가 사는 사회가 부당한 방법을 동원해서라도 문제를 해결해야 할 만큼 절박한 상황에 이르지 않게 애쓰는 것입니다. 그런 점에서 기생충이 살아가는 지혜를 새겨볼 만합니다.

기생충이 살아가는 지혜

홍길동전의 탐관오리나 로빈 후드에 나오는 탐욕스러운 영주들을 생명체에 비유하면, 아마도 기생충일 것입니다. 기생충은 자립적인 존재가 아니죠. 숙주에 기생하면서 숙주에게서 영양분을 얻습니다. 탐관오리들은 스스로 열심히 일하지 않고 열심히 일한 사람들의 수확물을 빼앗는 존재입니다. 그런 의미에서 기생충과 비슷합니다. 그런데 기생충 중에는 숙주와 함께 공생하는 기생충도 있고, 숙주를 파괴해서 자기 자신마저도 위태로워지는 기생충도 있습니다.

숙주와 공생하는 기생충들은 때때로 숙주에게 이익을 주

기도 하는데, 숙주를 위협하는 다른 기생물의 침입을 막아주기 때문입니다. 정치가나 군인은 바로 이런 의미의 기생이라고 할 수 있습니다. 그들 자신이 생산물을 얻는 직접적인 노동을 하지 않고 시민의 생산물로 생계를 이어간다는 점에서는 기생이지만, 시민들이 살아가는 사회의 질서가 잘 유지되도록 하고 또 외적의 침입을 막아줌으로써 시민들이 마음 놓고 삶을 영위할 수 있도록 하는 중요한 역할을 하니까요. 이런 기생에서는 숙주인 시민들이 건강하게 살 수 있도록 하는 것이 중요합니다. 그래야 그들의 기생 생활도 오랫동안 안정적으로 유지될 수 있으니까요.

반면 탐관오리는 오직 자신의 이익만을 위해 숙주를 착취하는 파괴적인 기생충들입니다. 이 파괴적인 기생충들은 숙주가 죽을 때까지 영양분을 훔쳐갑니다. 그런데 숙주가 죽고 나면 기생충들은 어떻게 될까요? 다른 숙주를 발견하지 못한다면 자신 역시 숙주와 함께 죽을 수밖에 없습니다. 이렇게 기생이 공생이 되느냐 아니면 공멸이 되느냐는 숙주의 건강을 유지할 수 있게 해주는 적절한 정도를 찾아내는 데서 갈립니다.

노동하는 자의 소유권

철학자 로크에 따르면 정당한 소유권은 두 가지 조건을 만족시켜야 합니다. 하나는 그 재산을 취득하기 위해 당사자가 그 재산을 취득하는 과정에서 수고로워야 합니다. 간단히 말해 노동해야 한다는 것이죠. 다른 하나는 그 사람이 속한 사회가 그 재산의 소유를 인정해주어야 합니다. 노동해야 한다는 것 그리고 공동체가 재산의 소유권을 인정해주는 것. 이 두 가지 조건이 문제없이 성립했을 때, 그 사람은 정당하게 자기 재산의 소유권을 주장할 수 있습니다.

탐관오리가 자신은 일하지 않고 남들이 애써 모아놓은 재산을 빼앗고는 그것이 자신의 소유라고 말하는 것은 계약 위반이죠. 만약 그들이 가난한 사람들의 재산을 빼앗기 위해 굉장히 힘들었다고 주장한다 해도, 사람들이 그 소유권을 인정해주지 않을 테니 정당한 소유권을 가졌다고 할 수 없습니다. 그런데 이런 분쟁 상황을 국가가 합리적으로 해결하지 못하거나, 심지어 국가마저 시민을 착취하는 상황이라면 어떻게 할까요? 로크에 따르면 그런 상황은 국가를 만들었던 애초의 목적에 반하기 때문에, 국가의 명령을 따를 이유가 없습니다. 그는 이런 상황에서는 시민에게 저항의 권리가 발생한다고 말합니다. 시민 저항권에 대한 생각은 나중에 미국 독립전쟁의 사상적인 근거가 되는데요. 영국이 식민지인 미국에서 가혹하게 세금을 거두자 미국은 영국에 저항하고 독립을 주장했습니다.

정당한 노동의 대가를 계산하는 어려움

어떤 공동체가 함께 일을 해서 산물을 얻었을 때, 그것을 나누는 방법은 여러 가지입니다.

모두 똑같은 몫으로 나누는 것도 하나의 방법인데요. 누구는 힘든 일을 맡고 누구는 쉬운 일을 맡았는데, 똑같은 몫으로 나누는 것은 누군가를 억울하게 만드는 일이 됩니다.

또 다른 방법은 자신이 일한 만큼의 비율로 나눠 갖는 것입니다. 이 방법은 얼핏 공정해 보입니다. '눈에는 눈, 이에는 이'라는 기준처럼 각자가 수고한 비율을 잘 계산해서 분배하면, 비교적 공정하지 않을까요? 그런데 사람들은 타고난 능력이 조금씩 다릅니다. 그래서 어떤 사람은 같은 일을 하는 데 5개밖에 못 만들지만, 어떤 사람은 똑같은 시간에 10개를 만들 수 있다고 해보죠. 그럼 5개를 만드는 사람에게는 5개를 주고, 10개를 만드는 사람에게는 10개를 주면 됩니다.

그런데 두 사람이 똑같은 재료로 한 사람은 5개를 만들고, 또 한 사람은 10개를 만듭니다. 이런 상황에서 더 효율적이고 더 좋은 해결책은 10개를 만들 수 있는 사람에게 재료의 두 배 몫을 주고, 20개를 만들게 하는 것입니다. 대신 5개를 만드는 사람은 20개를 만드는 사람을 도와주는 일을 하게 하는 것이죠. 그러면 20개를 만들던 사람이 일의 효율성을 높여 25개를 만들 수도 있습니다. 공동체 입장에서 보면, 처음 방식대로 하면 15개밖에 만들지 못하다가 일의 방식을 바꾸니 25개를 만들 수 있게 됩니다. 사회는 훨씬 더 풍요로워지죠. 앞서 이야기한 애덤 스미스는 분업의 효과가 바로 이렇다고 말합니다. 자, 이제 어려운 문제가 남았습니다. 누구에게 어떤 일을 맡기고, 그렇게 얻어진 성과를 어떻게 나눌까 하는 것입니다.

많은 사람이 자원을 효율적으로 이용하고, 생산량도 극대화하는 제일 좋은 방법은 각자가 자신이 잘할 수 있는 일을 하는 것이라고 말합니다. 아무리 멋있어 보이는 일도 자신보다 더 잘할 수 있는 사람이 있다면, 그에게 맡기는 것이 그 자신만이 아니라 사회 전체로서도 이익입니다. 물론 이는 그렇게 해서 늘어난 생산물을 잘 나눌 때 가능한 일이겠죠. 만약 앞선 예에서 25개를 만든 사람이 이 자신을 도와준 사람에게 "당신은 원래 5개밖에 만들지 못했던 사람이니까 이번에도 5개만 받으면 만족하겠구려!"라고 한다면, 그 사람이 그 계약에 서명할 수 있을까요? 심지어 "지난번에 5개 만들 때보다 지금 나를 도와주는 일이 훨씬 쉬운 일이니까 4개만 가져가도 당신으로서는 이익 아닌가요?"라고 한다면 어떨까요? 분배, 누구에게 얼마를 주는 것이 정당한가에 대한 문제는 '자연 상태'인 우리가 '사회 계약'을 통해 함께 풀어내야 할 숙제입니다.

노동하는 자의
소유권

존 로크
John Locke, 1632~1704

영국의 철학자 존 로크는 개인 재산의 소유권 문제를 처음으로 체계적으로 다루었습니다. 그는 소유권 문제를 생각하기 위해 최초의 상태를 상상했는데요. 어떤 권리의 정당성을 따지려면 그 권리의 발생 시점으로 돌아가 그것이 정당하게 발생했는지를 물어야 하기 때문입니다. 사자가 양에 대한 소유권을 주장하는 늑대에게 너는 이 양을 어떻게 얻었는지 말해보라고 요구하는 것과 마찬가지죠.

•자연 상태와 사회 계약

로크에 따르면 인간은 모두 평등하게 태어났습니다. 로크는 그 상태를 '자연 상태'라고 부릅니다. 자연 상태에서 누군가 자신의 노동을 통해 생산물을 만들어냈다면, 그것은 분명 그의 소유입니다. 하지만 이런 상황에서는 분쟁이 발생하기 쉽습니다.

누군가 산에서 과일나무 하나를 봤다고 합시다. 그 나무는 처음 발견된 것이어서 누구도 그에 대한 소유권이 없는 상황입니다. 물론 나무가 있는 산에 대한 소유권도 마찬가지고요. 과일나무를 발견한 사람은 기분 좋게 과일 몇 개를 따서 집으로 가져가 풍성한 식사를 즐깁니다. 머릿속으로는 내일도 맛있는 식사를 할 수 있으리라 기대하면서요. 그런데 다음 날 다시 그 나무로 갔더니 다른 사람이 과일을 따고 있습니다. 그러자 화가 나서 이렇게 말합니다. "이게 무슨 짓이야. 그 나무는 내가 어제 처음 발견했단 말이야. 내 허락도 없이 왜 과일을 가져가는 거야!" 그러면 상대방은 뭐라고 할까요? 가뜩이나 배고픈 상대도 지지 않고 이렇게 말할 것입니다. "무슨 소리야, 지금 상황을 보면 모르겠어. 오늘 이 나무를 먼저 발견한 사람은 나야! 당신이 어제 발견했다는 증거가 어디 있어. 잔소리하지 말고 꺼져줄래!"

자연 상태는 야생 동물의 세계와 마찬가지로 먼저 발견한 자가 소유의 우선권을 갖습니다. 따라서 분쟁이 끊이지 않죠. 그래서 로크는 이런 분쟁 상황을 끝내기 위해 자연인들이 서로 간에 계약을 맺고 공동체를 구성한다고 말합니다. 이를 '사회 계약'이라고 부릅니다. 그리고 사회 계약을 통해 구성된 것이 바로 정부 혹은 국가입니다. 이런 의미에서 국가는 사람들의 분쟁을 서로 억울하지 않게 해결해주는 역할을 맡습니다. 이런 국가를 만들기 위해 자연 상태의 사람들은 자신의 권리를 국가에 이양하고 국가의 명령을 따르기로 합의하고요. 이렇게 국가에 자신의 권리를 양도하고, 대신 국가의 보호를 받기로 약속한 사람들을 시민이라고 부릅니다.

자유,
인간의 조건

늑대와 개

아주 배고픈 늑대가 있었습니다. 제대로 먹지 못해 피골이 상접할 정도였는데요. 이유는 동네 개들이 아주 넓은 지역을 감시하며 지키고 있어서였습니다. 늑대는 그런 상황에 위축되어 자신감이 많이 떨어져 있었습니다.

어느 날 밤 늑대는 마을에서 약간 떨어진 곳에서 배회하는 살찐 개 한 마리를 우연히 만났습니다. 늑대는 기쁜 마음으로 그 개를 잡아먹으려고 했죠. 하지만 개는 늑대가 그런 생각을 포기할 정도로 강한 눈빛으로 늑대를 쳐다봤고, 늑대는 겸손하게 개의 훌륭한 외모를 칭찬하는 말을 건넸습니다. 그러자 개가 이렇게 말했습니다.

"너도 나처럼 살찔 수 있어. 숲을 떠나면 되잖아. 숲에서 사는 건 너무 힘들고 고생스럽잖아. 뭐라도 한입 먹으려면 엄청나게 애를 써야 하고 말이야. 나를 따라하면 너도 나처럼 멋진 외모를 가질 수 있을 텐데."

"그럼 내가 뭘 해야 해?"

"뭐든 열심히 해야 하긴 하지. 지팡이를 짚고 다니는 사람들은 쫓아내야 하고, 거지들 앞에서는 짖어야 해. 하지만 식구들에게는 재롱을 떨지. 그 대가로 온갖 음식들을 먹을 수 있어. 닭고기, 곡식들, 설탕, 케이크, 그 밖에도 많아. 긴말이 필요 없지."

늑대는 곧 행복한 상상에 빠졌습니다. 하마터면 기쁨의 눈물을 흘릴 뻔했죠. 바로 그때 개의 목에 있는 답답해 보이는 뭔가를 봤습니다. 늑대는 개에게 물었습니다.

"네 목에 그건 뭐니?"

"응, 별거 아냐."

"별거 아니라니! 도대체 뭔데 그래 말 좀 해봐!"

"개 줄을 연결하는 목걸이 같은 거야!"

"뭐, 개 줄이라고? 그러면 넌 네가 원할 때 가고 싶은 곳을 갈 수 없는 거야?"

"응, 항상은 아니지만. 하지만 그게 뭐가 중요해?"

"세상에, 그것보다 중요한 게 어디 있어! 네가 말하는 그 맛있는 음식들이 자유의 대가라면, 아무리 맛있는 어린 양의 갈비라도 먹지 않을 테야!"

늑대는 얼른 숲으로 돌아가버렸습니다.

〈월-E〉와 〈블레이드 러너〉, 인간보다 더 인간답다

흥미로운 두 편의 영화가 있습니다. 하나는 지구의 환경이 완전히 파괴되어 사람들이 우주로 떠나고 그 지구에서 쓰레기를 치우는 일을 맡은 청소로봇에 관한 이야기 〈월-E〉이고, 다른 하나는 인간의 과학기술 발전으로 만들어져 인간 대신 노동을 하는 복제인간에 관한 이야기 〈블레이드 러너〉입니다.

월-E는 청소로봇입니다. 사람들은 쓰레기장으로 변해버린 지구를 떠나 우주 공간에 떠 있는 거대한 우주선에서 살고 이따금 다른 로봇을 지구로 보내 지구의 환경이 좋아졌는지를 확인합니다. 월-E는 그런 지구에 혼자 남아 성실하게 지구를 청소하는 중인데요. 이 귀엽고 자그마한 로봇은 혼자여서 몹시 외롭습니다. 그러던 어느 날 우주에서 날아온 로봇을 만납니다. 지구 환경을 조사하기 위해 사람들의 우주선에서 파견된 로봇이었죠. 너무 외로웠던 월-E는 그 로봇과 친구가 되고 싶습니다. 하지만 임무가 있는 로봇은 결국 사람들이 사는 우주선으로 되돌아가야 하고, 월-E는 친구를 만나고 싶은 마음에 우주로 떠나는 대모험을 하게 됩니다.

결말이 우리의 마음을 따뜻하게 해주는 이 영화에는 두 가지 충격적인 장면이 나옵니다. 하나는 지구가 쓰레기장으로 변한 상황입니다. 최근 태평양에 거대한 쓰레기 섬이 떠돌아니고, 우리가 바다에 버린 플라스틱을 물고기가 먹고 그 물고기를 우리가 다시 먹는다는 보도를 보면, 월-E가 상상한 쓰레기장으로 변한 지구가 근거 없는 공상은 아닌 듯합니다. 또 다른 충격적인 장면은 감독이 상상한 미래 인류의 모습인데요. 지구를 떠나 우주 공간의 거대한 우주선에서 사는 사람들은 오직 먹고 놀기만 할 뿐, 일하지 않아서 운동 능력을 거의 상실한 채 의자에 누워서 지내는 삶을 삽니다. 영화를 보다 보면 관객은 친구를 찾아 목숨을 건 모험을 하는 월-E에게 훨씬 더 인간다운 면모를 느끼죠. 의자에 누워서 다른 로봇들의 서비스를 받으며 오직 먹고 놀기만 하는 사람들보다 말입니다.

이는 다소 음습하고 우울한 영화인 〈블레이드 러너〉에서도 마찬가지입니다. 이 영화는 복제인간들이 인간의 통제를 벗어나고자 하는 상황을 다룹니다. 주인공은 겉모습으로는 인간과 똑같은 복제인간과 실제 인간을 구별하는 직업을 가졌습니다. 첨단 기술 문명은 인간 대신 노동을 하는, 말하자면 노예로 부리기 위해 복제인간을 만들어냅니다. 그런데 이 복제인간 중에 자유를 찾아 나서는 존재들이 생기고, 자연히 인간의 통제를 거부하는 것이죠.

이 영화에서도 감독은 관객에게 몇 가지 어려운 문제들을 안겨줍니다. 그중 하나는 자신이 복제인간인 줄 모르는 복제인간의 문제입니다. 영화에서 제법 비중 있는 역할을 맡은 인물이 실제로 복제인간임에도 정작 자신은 그 사실을 모르죠. 자신은 자기가 정말 인간인 줄 압니다. 생물학적으로 구별되지 않고, 게다가 당사자가 철석같이 자신을 인간이라 믿는 복제인간은 인간일까요, 아닐까요? 인간이 복제인간을 노예로 부리며 온갖 불평등한 대접을 할 수 있는 유일한 이유는 그들이 복제인간이라는 점입니다. 그런데 정작 그 복제인간은 자신의 정체를 모르죠. 게다가 자유를 찾아 도망치는 복제인간들은 자신들을 추적하는 인간들보다 더 인간적인 모습을 보이기도 합니다. 자신의 생명을 끝내버릴지도 모르는 인간이 자신을 쫓아오다 위기에 빠졌을 때, 도움의 손길을 내미는 장면은 상상하지 못했던 반전이죠.

비록 이야기의 구성이나 배경은 다르지만, 두 편의 영화는 참된 인간의 조건에 대해 질문을 던집니다. 이솝 우화에 나오는 늑대가 개의 제안에 따라 사람들의 집으로 들어가 자유를 대가로 안락한 삶을 이어간다면, 그 늑대는 늑대일까요, 개일까요? 우리도 두 편의 영화를 보며 묻습니다. 의자에 앉아서 지내는 게으른 인간을 인간이라고 해야 할까? 아니면 친구를 찾아 모험을 떠나는 청소로봇 월-E나 위험에 빠진 인간을 도와주는 복제인간을 인간이라고 불러야 할까요?

본능과 욕망을 거부할 수 있는 인간의 자유

프랑스의 실존철학자 장 폴 사르트르(Jean Paul Sartre, 1905~1980)는 '인간은 자유롭도록 저주받은 존재'라는 말을 했습니다. 늑대가 안락한 삶을 포기하면서까지 지키고 싶었던 자유를 저주라고 말하는 것은 뭔가 좀 이상해 보입니다. 하지만 사르트르는 그 자유를 아주 무거운 짐이라고 본 것입니다. 자유는 책임이라는 무거운 짐과 관련이 있기 때문입니다.

많은 동물이 본능에 충실합니다. 한밤중에 나방은 밝은 곳을 향해 날아갑니다. 이는 본능의 명령에 충실한 것이죠. 심지어 자신을 유혹하는 그 불빛이 자신의 목숨을 위협하는 것임에도 불꽃을 향해 날아갑니다. 본능의 명령에 충실한 것은 기계와도 같은 삶입니다. 반면 인간은 그 본능을 거부할 수 있는 존재인데요. 본능의 명령과는 다른 선택을 할 수 있는 존재이므로 윤리적이고 도덕적인 행위를 할 수 있습니다. 물론 이런 선택을 하기 위해 목숨을 걸어야 한다면 선택하기가 너무 어렵겠죠. 그래서 설령 전쟁 상황이라고 하더라도 또 군인은 상관의 명령에 복종해야 한다고 하더라도, 상관이 반인륜적인 범죄를 명령하면 정당하게 저항할 권리가 주어져야만 합니다.

역사적으로 자신의 생명을 희생해 수많은 사람을 구한 위대한 영웅의 이야기가 많습니다. 자신의 목숨을 유지하려는 것은 모든 생명체에게 공통된 가장 기본적인 본능입니다. 남을 구하기 위해 자신을 희생한 사람들은 바로 그 본능의 명령에 굴하지 않고 다른 선택을 한 것이죠. 결국 인간이 윤리적이고 도덕적일 수 있는 이유는 다른 선택을 할 수 있는 자유가 있어서입니다. 본능의 명령을 거부하고 다른 선택을 한다는 것은 대부분의 동물은 할 수 없는 매우 어려운 일입니다. 그래서 사르트르는 인간의 자유를 저주라고 비유할 만큼 무거운 짐이라고 말한 것입니다.

보통 우리는 자유를 '내 마음대로 하는 것'이라고 생각하는데요. 물론 그렇습니다. 자유는 자기 마음대로 하는 것이죠. 그런데 그 마음이 어떻게 생겨났는지를 따져보면 이야기가 좀 복잡해집니다. 만약 그때 자기 마음이 본능이 시키는 것이라면 어떨까요? 길을 가는데 벤치에 아주 맛있는 음식이 놓여 있습니다. 마침 나는 몹시 배가 고픕니다. 내 본능은 어서 빨리 그 음식을 먹으라고 속삭이죠. 몹시 고민스러운데요. 이 음식은 어쩌면 나보다 더 배고픈 사람이 먹으려고 한 것인데 피치 못할 사정으로 잠시 자리를 비웠는지도 모릅니다. 내가 이 음식을 먹어버리면, 그는 단지 실망하는 것을 넘어 커다란 위험에 빠질지도 모르죠. 우리가 윤리적이고 도덕적인 사람이라면, 그가 올 때까지 기다릴 것입니다. 이런 선택을 할 수 있는 것은 '하고 싶지만 하지 않을 수 있는 능력'을 가졌기 때문입니다.

칸트는 인간의 윤리적인 행위의 조건은 바로 자유라고 말합니다. 그런데 이때 인간의 자유란 그저 자기가 하고 싶은 일을 하는 것이 아닙니다. 오히려 '하고 싶지만 하지 않을 수 있는 능력', 또 '하기 싫지만 할 수 있는 능력'을 말합니다. 자신에게 손해가 나는 일은 누구나 하기 싫죠. 그러나 인간은 기꺼이 그런 선택을 할 때가 있습니다. 심지어 다른 사람들을 위해 자신을 희생하기까지 하죠. 칸트가 계몽에 관해 말하면서 스스로 용기를 내어 선택하라고 말하는 것은 이런 자유가 인간을 인간답게 만들어준다고 믿어서입니다.

우리는 누구나 인간답게 살고 싶어 합니다. 인간답게 사는 일이 그저 평온하고 안락한 삶만을 의미하지는 않지만요. 이는 대부분 우리의 본능이 원하는 욕망입니다. 물론 자신의 욕망을 추구하는 것이 나쁜 일은 아닙니다. 욕망을 충족하려는 과정에서 노동을 하고, 사회를 발전시켜가니까요. 욕망을 충족시키려는 행위는 분명 우리의 자유 의지에 따른 행동입니다. 그러나 어떤 때는 이 욕망을 거부해야 하는 순간도 있습니다. 그저 욕망에 봉사하는 것은 욕망에 속박된 삶입니다. 자유는 그런 속박에서 벗어나는 것을 의미하기도 합니다. 다행히 인간에게는 본능과 욕망의 명령을 거부할 힘이 있는데요. 그것이 바로 진정한 인간의 조건으로서 자유입니다.

선택의 자유와
죄수의 딜레마

죄수의 딜레마

합리적인 존재들이 모여 사는 사회는 어떤 모습일까요? 게임 이론에서 유명한 죄수의 딜레마가 비록 좋은 비유는 아니지만, 우리가 사회에서 협동 작업을 할 때 생길 수 있는 문제를 보여주기에는 충분합니다. 서로 신뢰하면 최선의 결과를 낼 수 있는데, 서로를 믿지 못해서 더 나쁜 결과에 도달하는 일이 흔하디흔합니다. 더 좋은 사회에서 살고자 한다면, 우리가 윤리적이고 도덕적인 행위를 해야 하는 이유를 여기에서 짐작해볼 수 있겠죠.

•죄수의 딜레마

죄수의 딜레마는 재미있는 사고 실험입니다. 그 내용은 이렇습니다. 두 사람이 공모해서 범죄를 저지릅니다. 그런데 그 둘이 동시에 잡혀 서로 다른 장소에서 신문을 받습니다. 유감스럽지만 범죄의 증거가 충분치 않아서 검사가 이런 제안을 합니다.

"만약 당신이 범죄행위를 자백하고 대신에 다른 공범이 자백하지 않는다면, 당신은 자백한 대가로 최소한의 벌만 받고 풀려날 것이오. 반대로 당신이 자백하지 않는데 다른 공범이 자백한다면, 당신은 원래 받아야 하는 벌보다도 훨씬 더 큰 벌을 받게 될 거요."

두 공범에게 똑같이 제안한다면, 두 죄수는 어떤 선택을 할까요? 물론 죄수들은 매우 주도면밀하게 범죄를 저지르고 증거가 남지 않도록 애썼기 때문에, 둘 다 끝까지 부인하면 풀려날 것이라고 기대하고 있습니다.

죄수들이 합리적이라면 온갖 경우의 수를 다 따져가며 계산해보겠죠.

① 나와 그가 모두 부인하는 경우

② 나만 자백하고 그는 자백하지 않거나 반대의 경우

③ 둘 다 자백하는 경우

'음… 어떤 선택을 해야 할까?' 죄수들은 합리적이므로 모든 경우의 수를 계산하고 나서 행동할 것입니다. 죄수의 딜레마는 상대방을 배신했을 때 내가 얻는 이익과 상대가 나를 배신했을 때 내가 받는 손해의 기댓값에 기초해, 각자가 자신의 입장에서 합리적인 선택을 내린다고 가정합니다. 그런데 그렇게 해서 도달한 결과는 최선이 아니라 더 나쁜 결과가 됩니다. 왜 합리적인 사람들이 선택한 것인데도 더 나쁜 결과가 나오는 것일까요? 가장 큰 이유는 상대가 배신할까 봐 믿지 못하는 신뢰의 부족입니다.

겸손과
자신감 사이

각다귀와 황소

조그만 각다귀 한 마리가 윙윙거리며 풀밭을 날고 있었습니다. 그러다 황소의 뿔 위에 잠시 앉아 휴식을 취했습니다. 잠깐 쉬고 나서 다시 날아오르면서 황소에게 고맙다는 말을 건넸습니다.

"나는 이제 갈게. 미안했어, 그리고 고마워."

"아무렴. 나는 상관없어. 난 네가 거기 있었는지도 몰랐는걸!"

황소가 대답했습니다.

때때로 우리는 자기 자신이 아주 대단하다고 생각하지만 다른 이의 눈에는 전혀 그렇지 않을 수 있습니다.

자신을 폄훼하는 것과 과대평가하는 것

각다귀는 모기와 비슷하게 생긴 날벌레입니다. 다행히 사람의 피를 빨아먹지는 않습니다. 아무튼 황소에 비하면 보잘것없어 보입니다. 그런 각다귀지만 자기 자신에 대한 믿음은 작지 않겠죠. 비록 이솝이 이 우화를 통해 전하고자 했던 것은 지나친 자신감은 언제든 독이 될 수도 있다는 이야기지만(이에 대한 또 다른 예를 독수리 흉내를 내고자 했던 까마귀 이야기에서도 볼 수 있습니다), 여기 나오는 각다귀는 겸손해 보입니다. 각다귀는 황소에게 허락을 구하지 않고 그의 뿔에서 잠시 쉬었던 사실을 고백하고 감사 인사를 합니다. 꽤 착해 보입니다. 그래서 이야기를 각다귀의 관점에서 조금 비틀어보겠습니다.

황소의 관점에서 보면 각다귀는 보잘것없는 존재일 수 있습니다. 그래서 각다귀의 존재 자체를 몰랐다고까지 말합니다. 하지만 각다귀는 엄연한 생명체이고 자신의 세계를 가진 존재자입니다. 그런 의미에서 보잘것없는 존재가 아니죠. 따라서 각다귀는 위축될 필요가 없습니다. 실제로 각다귀는 자신의 보잘것없음이나 황소의 잘남을 따지지 않고 자신이 무례하게 남에게 신세를 졌으므로 자기 할 도리를 다합니다. 각다귀가 자기 뿔에 앉아 있는지조차 몰랐을 황소에게 사과했으니까요. 사실 황소에게는 각다귀가 자기 뿔에서 쉬었든 안 쉬었든 아무 상관없었을 것입니다. 각다귀의 존재가 황소에게 아무런 영향도 미치지 않았으니까요.

각다귀가 어차피 자기가 있는지도 모를 황소이니 그냥 나 몰라라 하고 가버렸다면 어떨까요? 이는 자신의 존재를 스스로 격하시키는 행위일 것입니다. 상대와의 비교를 통해 자신의 왜소함을 인식하더라도 자신의 존재 가치를 스스로 폄훼하는 것은 자신을 과대평가하는 것만큼이나 좋지 않은 일이죠.

'좋아요' 숫자와 인플루언서

SNS에 글이나 사진 등을 올리면 주변 사람들의 반응을 볼 수 있습니다. 사람들이 자신의 소식에 '좋아요'를 눌러주거나 공유를 하기라도 하면, 왠지 자신이 대단한 사람이 된 듯해서 기분이 좋죠. 어느새 '좋아요' 수에 민감해지고 결국 중독이 되기도 합니다. 그저 자기 소식이나 근황을 올리고 다른 사람들의 소식이나 생각을 알고 싶었던 것에서 다른 사람들에게 인정받는 것이 더 중요해지기 시작하면, 다른 사람의 시선을 끌 수 있는 좀 더 자극적인 표현과 내용을 선호하게 됩니다. 누군가가 봐주기를 바라는데 아무도 봐주지 않으면 실망감이 커지니까요. '좋아요' 수는 자신이 얼마나 대단한 존재인지를 가늠하는 지표가 됩니다.

팔로어(구독자) 수도 마찬가지입니다. 자기 소식을 궁금해하고, 자기가 올리는 정보나 뉴스에 관심을 가진 사람이 많다는 것은 그만큼 자기가 중요한 사람(VIP)이라는 뜻이니까요. 그래서 타인의 시선에 사로잡혀 실제로 자기가 관심을 두는 일이나 정보보다 사람들이 관심 있어 할 만한 정보를 찾는 데 시간을 들입니다. 자기 자신의 삶을 사는 것이 아니라 그들의 눈에 비친 자신의 삶을 사는 것이죠.

이른바 인플루언서(influencer)가 된다는 것은 물론 의미 있는 일입니다. 인플루언서는 인스타그램이나 유튜브 등의 SNS에서 수십만 명의 팔로어를 보유한 'SNS 유명인'을 말하지요. 자기 생각이 다른 사람들에게 영향을 미친다는 것은 그만큼 중요한 인물이 되었다는 뜻이니까요. 그러나 정작 중요한 것은 그 영향력 있는 사람이 실제의 자신이어야 한다는 점입니다. 또 반대로 인플루언서가 아니라고 해서 위축될 필요는 없습니다. 각다귀가 황소에게 인정받지 못했다고 해서 좌절할 이유가 없듯 말이죠.

SNS로 연결된 친구가 모두 재산은 아니다

참고로 대인 관계를 포함한 사회적 관계에서 어떤 인적 네트워크를 갖고 있는가를 사회적 자본이라고 부릅니다. 흔히 하는 말로 '친구가 재산'이라는 말이 그런 것이죠. 그런데 사회

과학에서는 사회적 자본을 브릿징 캐피탈(bridging capital)과 본딩 캐피탈(bonding capital)로 나눠보라고 합니다. 이는 브릿지, 즉 다리처럼 그저 연결만 된 관계의 사람들이 있고, 본드처럼 달라붙은 아주 가까운 사이도 있다는 말입니다. 피상적인 관계와 친밀한 관계를 구분하는 하나의 방법은 자신이 매우 어려운 처지일 때 선뜻 도움의 손을 내밀어주는 사람의 수가 얼마나 될지 가늠해보는 것입니다. 그들이 바로 자신의 본딩 캐피탈인데요. 자신과 연결된 사람 가운데 본딩 캐피털에 속할 수 있는 사람이 몇이나 되는지를 가늠해볼 일입니다.

인정 투쟁, 인정받기 위해서는 먼저 인정해야 한다

독일의 철학자 헤겔은 인간의 본성에 속하는 욕망 하나를 분석합니다. 그것은 타인에게 인정받고자 하는 욕망인데요. 사회적 존재인 인간은 다른 사람들에게 자신의 존재를 인정받기 위해 애씁니다. 이 욕망은 주체성의 형성과 관련이 있습니다. 자신을 독립적 주체로 자리매김하기 위해 애쓰는 것이죠. 투쟁이라는 용어는 그런 과정이 대개 갈등의 양상으로 나타나곤 하기 때문입니다. 청소년기에 좌충우돌하는 경험은 이런 인정 투쟁의 욕망과 관련이 있습니다.

만약 각다귀가 황소의 무관심한 대응을 자신에 대한 무시로 해석한다면 분노할 수밖에 없었을 것입니다. 그래서 괜히 황소의 눈앞에서 귀찮게 날아다니며 자신의 존재를 각인시키고자 애썼을 수도 있습니다. 인정 투쟁은 한 개인이 독립적 주체이자 사회적 구성원으로 인정받기 위한 과정이며 성장통입니다. 그러나 이 욕망이 과도해지면 단순히 사회의 독립적 구성원으로 인정받는 것을 넘어 상대를 지배하려는 권력의 욕망으로 변질됩니다.

한 개인이 사회적 존재로서 인정받는 과정은 상호 간의 과정입니다. 타인에게 인정받기 위해서는 먼저 타인을 인정해줘야 합니다. 자신은 타인을 인정하지 않으면서 상대에게 인정받기를 원하는 것은 지배하고자 하는 것이며, 이는 자칫 자기 자신과 타인 사이의 평화로운 공존 관계를 깨트리는 위험한 관계로 변질할 수 있습니다.

헤겔은 이런 사정과 관련해 흥미로운 분석을 내놓습니다. 바로 주인과 노예의 관계인데요. 인정 투쟁의 과정이 사회적 갈등의 과정으로 비화되면, 사람들은 상대에게 인정받기 위한 싸움에 나섭니다. 그 싸움에서 이긴 자는 주인이 되고, 진 자는 노예가 되죠. 처음에 주인은 독립적이고 자립적인 존재로서 당당한 자신감을 갖습니다. 그리고 노예는 주인과 달리 독립적이지 못하고 오직 주인의 명령에 복종해야 합니다. 그 순간 주인은 독립적이고 노예는 의존적입니다.

그런데 주인이 노예의 봉사에 익숙해지기 시작하면, 어느 순간 노예 없이는 아무 일도 할 수 없는 상태가 되죠. 다시 말해 주인이 노예에게 의존하는 순간이 찾아옵니다. 그렇게 되면 주인이 의존적인 상태가 되고, 복종의 세월을 통해 삶을 묵묵히 실천해온 노예는 어느새 자립적인 존재가 됩니다. 주인은 노동하지 않은 채 오직 노예의 노동에 의존해 삶을 영위하는 과정을 생각하면 됩니다. 주인은 자립적으로 노동할 힘을 잃었기에 노예 없이는 삶을 영위할 수 없는 상태가 되지만, 노예는 그동안의 축적된 기술과 힘으로 스스로 자립할 수 있는 상태에 이른 것이죠. 이렇게 주인과 노예의 관계가 역전되는 과정을 헤겔은 주인과 노예의 변증법이라고 부릅니다.

우리가 주목해야 할 것은 인정받기 위한 갈등 상황이 아니라, 사회적 인정의 진정한 의미입니다. 헤겔은 인간의 정신은 갈등 과정을 극복하고 상호 간의 인정을 통해 결국에는 공동체적 정신으로 고양된다고 말합니다. 그러나 우리가 상호 간의 인정을 받는 과정이 꼭 그렇게 커다란 갈등을 필요로 하지는 않습니다. 무엇보다 자신이 누군가에게 인정받기 위해서는 먼저 상대를 인정하는 태도가 필요한데요. 그런 태도는 겸손함으로부터 옵니다. 이 겸손함은 결코 자기 자신을 비하하는 것도 아니고, 다른 사람에게 인정받기를 포기하는 것도 아닙니다.

철학 수업

인간의 한계와
이를 뛰어넘는
'숭고의 감정'

〈안개 바다 위의 방랑자〉
(카스파르 다비드 프리드리, 1818년경)

　　때때로 우리는 높은 산에 올라가거나 망망대해 앞에서 자신
의 모습이 초라해 보이는 경험을 합니다. 거대한 자연은 한 인간
의 존재를 한낱 먼지 같은 존재로 보이게 합니다. 세상에서 가
장 높은 산에 오른 산악인들이 산에 존경심을 표하는 것이
나 큰 배를 운전하는 선장이 바다를 두려워하는 것도 마찬가
지죠. 우리 앞에 펼쳐진 거대한 자연을 보면 자신이 마치 황소
의 뿔 위에 있는 각다귀 같을 때가 있습니다.

•숭고의 감정

　　칸트는 자연의 위대함 앞에서 느끼는 이런 감정을 '숭고의 감정'이라고 부릅니다. 자신이 생각할 수 있는 한계를 뛰어넘는 존재를 마주할 때, 느끼는 감정이죠. 그러나 칸트가 숭고라는 개념을 통해 인간 존재의 보잘것없음을 말한 것은 아닙니다. 이따금 우리는 '숭고한 희생'이라는 말을 듣습니다. 이는 평범한 사람으로서는 생각하기 어려운 희생의 결단을 내린 행동을 칭송하는 말입니다. 여러 사람을 구하기 위해 자기 한 몸을 희생한 경우, 우리는 숭고하다고 말합니다. 가족의 안녕을 위해 자신의 인생을 포기한 어머니나 아버지의 희생을 숭고하다고 말하는 것도 마찬가지고요.

칸트는 숭고함을 통해 도리어 인간이 가진 역량의 한계를 말하고자 했습니다. 앞서 말했던 것처럼 인간의 자유는 하고 싶지만 하지 않을 수 있게 하며, 하고 싶지 않지만 할 수 있는 능력입니다. 인간의 자유는 현재의 자신을 뛰어넘어 도전할 힘을 줍니다. 인간은 자신의 한계를 극복할 수 있는 존재입니다. 지구상의 수많은 생명체가 수백만 년 전의 생활 모습에서 변하지 않은 채로 여전히 똑같은 삶을 살아가는 데 반해, 인류는 끊임없이 그 한계를 극복해왔습니다.

비록 거대한 자연 앞에서는 먼지 같은 존재일지라도, 자신의 한계를 끝없이 넘어서려는 도전은 숭고의 또 다른 모습입니다. 이는 우리에게 두 가지 상반된 생각을 불러일으킵니다. 하나는 자기 자신이 그렇게 대단한 존재는 아니라는 겸손함, 따라서 함부로 오만해서는 안 된다는 생각이죠. 다른 하나는 그렇다고 자기 자신을 비루하거나 보잘것없는 존재라고 스스로 격하할 필요도 없다는 것입니다.

경쟁만이
답은 아니다

독수리와 갈까마귀

큰 날개를 가진 독수리는 높은 하늘에서 빠르게 낙하해 어린 양을 채서는 자기 둥지까지 가져갑니다. 그 모습을 본 갈까마귀가 생각했습니다. 자기도 충분히 크고, 독수리처럼 할 수 있다고 말이죠. 그래서 요란하게 날갯짓하고 하늘을 가로지른 뒤 빠르게 낙하해 커다란 양의 등을 움켜쥐었습니다. 그렇게 다시 날아오르려 했지만 꼼짝할 수가 없었습니다. 양털에 발톱이 엉켜버렸기 때문이었는데요. 양은 그러나저러나 신경도 쓰지 않았습니다.

마침 양치기가 갈까마귀가 푸드덕대는 것을 보고 즉시 상황을 이해했습니다. 양치기는 얼른 달려와 까마귀의 날개를 잡아버렸습니다. 그러고는 저녁때 집으로 가져와 아이들에게 주었죠.

"무슨 새가 이렇게 우습게 생겼지!"

아이들이 웃으면서 아빠에게 물었습니다.

"아빠, 얘는 뭐라고 불러요?"

"갈까마귀란다. 하지만 그 새에게 누구냐고 물으면 아마도 자기는 독수리라고 대답할지도 몰라."

텔레비전에서 방송되는 서바이벌 오디션 프로그램이 다양해지고 있습니다. 서바이벌 방식이 가진 장점은 지원자의 내재된 가능성을 극도로 끌어올릴 수 있는 시스템이라는 점입니다. 미션을 주고 거기서 가장 높은 점수를 받기 위해 애쓰는 과정에서 지원자들은 자신의 한계를 극복하는 경험을 하기도 하죠. 자신이 할 수 있을지 두려워하지만, 결국에는 한계를 뛰어넘는 모습에 한 개인이 어떻게 성장하는지를 볼 수 있습니다.

누구나 자신의 가능성을 끌어내는 것은 중요한 자기 성찰의 과정입니다. 커다란 샐러드 볼임에도 자신을 간장 종지라고 생각한다면, 간장 종지의 역할도 하지 못하고 샐러드 볼의 역할도 하지 못합니다. 어떻게든 간장을 담아내겠지만, 결코 인정받는 간장 종지는 되지 못하겠죠. 그런 샐러드 볼이 자신을 가두는 생각을 깨고 온갖 채소와 과일을 담아보려고 시도할 때, 비로소 자신의 참모습을 발견할 수 있습니다. 오디션 프로그램을 통해 새로운 스타로 등장하는 사람들이 바로 그런 사람들일 것입니다.

그런데 자신의 역량이 가진 한계를 도외시하고 허황된 꿈만 꾼다면, 이는 사람을 탈진시키고 결국에는 회복하기 어려운 상처를 받게 만듭니다. 거북이에게 사람들이 말합니다. "옛날 네 조상 중에는 토끼를 이기신 분이 있다더라. 그러니 너도 할 수 있어! 너도 같은 거북이잖니. 네 가능성을 믿어. 도전해보라고. 어쩌면 너도 토끼를 이길 수 있을 거야!" 사람들이 악의로 거북이에게 그런 말을 하지는 않았을 것입니다. 가능성은 언제나 열려 있으니까요. 그 가능성 가운데 자신에게 실현될 일이 바닷모래 속에서 진주를 찾는 것과 같기는 하지만, 어쨌든 가능한 일이기는 합니다.

거북이가 용기를 내어 (마침 토끼가 부러웠던 참에) 토끼를 이기기 위해 달리기 연습을 합니다. 아무리 달려도 속도가 나지 않자 그것이 자신이 등에 지고 있는 등딱지 때문이고, 너무 많이 먹어 무거운 탓이라는 결론에 도달합니다. 그래서 토끼의 몸무게와 비슷해질 때까지 다이어트를 하고 등딱지도 떼어버리기로 합니다. 극한의 다이어트에도 불구하고 운 좋게 살아남아서 마침내 토끼를 이겼다고 합시다. 그러면 사람들은 이렇게 말할 것입니다. "희한하게 생긴 동물이네!" 거북이가 토끼를 이겼다면 놀랍고 대단한 승리지만, 희한한 동물이 토끼를 이긴 것은 그저 희한한 일일 뿐이죠.

한계를 극복한다는 것은 새로운 정체성을 얻는 과정이기 쉽습니다. 그것은 자기가 알고 있는 자신과는 다른 존재가 된다는 뜻입니다. 그런데 본래 도전을 시작할 때는 자신에 대한 믿음에서 시작했죠. 마치 갈까마귀가 자신도 커다란 까마귀로서 독수리에 못지않다고 자부심을 가졌던 것처럼요. 물론 자신에게 어떤 가능성이 있는지를 알기는 쉽지 않습니다. 도전을 위한 용기도 내야 하고, 때때로 닥쳐오는 시련도 이겨내야 합니다. 그렇게 하고 나서야 비로소 자신의 가능성을 확인할 수 있습니다. 그런 힘든 여정을 앞두고 세심한 준비가 없는 것은 말이 되지 않죠. 자기 자신을 성찰하는 일이 바로 그런 세심한 준비에 해당합니다. 자신에 대한 성찰 없이 자신의 가능성을 확인해보기 위해 도전하는 것은 갈까마귀가 빠진 함정에 같이 빠질 가능성 더 큽니다.

생존경쟁과 군비경쟁

흔히 '생존경쟁'이라는 말을 합니다. 생존을 위해서 경쟁해야 한다는 것을 당연한 공리로 받아들이는 것입니다. 야생을 보면 얼핏 맞는 말 같습니다. 치타는 빠른 영양을 사냥하기 위해 최선을 다합니다. 그래서 비록 아주 짧은 순간이지만 영양보다 빨리 달릴 수 있도록 진화했습니다. 물론 영양도 그런 치타에 지지 않기 위해 진화해 훨씬 오래 달릴 수 있습니다. 그렇게 다시 균형이 맞춰지고 서로는 서로에게 이기려고 혹은 지지 않으려 경쟁합니다. 이를 '군비경쟁'이라고 하죠. 군비경쟁에서는 포식자와 피식자처럼 우위를 차지하기 위해 치열하게 경쟁을 벌입니다. 그런데 자연에는 군비경쟁만 있는 것은 아닙니다. 오히려 경쟁보다는 공생의 관계가 훨씬 더 많습니다. 심지어 기생충조차 살아남기 위해 숙주를 다른 기생충으로부터 지켜주기도 하는데요. 과도한 군비경쟁은 체계 전체를 망가뜨리고 결과적으로 자기 자신도 몰락하게 만들기 때문입니다.

승자독식 시장의 빛과 그림자

야구를 좋아하는 사람들에게 미국은 특별한 의미입니다. 세계 최고 수준의 야구 경기인 메이저리그가 있기 때문인데요. 이따금 메이저리그 선수들의 연봉을 들으면서 깜짝 놀라곤 합니다. 2019년 기준으로 어떤 선수는 연봉으로 약 432억 원을 받습니다. 1년 동안 야구를 하고 그렇게 큰돈을 받는 것이죠. 이 돈이 어느 정도인지를 가늠해보는 방법으로 이런 상상을 해봅시다. 어떤 직장인 연봉 1억을 받습니다. 연봉 1억은 보통 사람들이 꿈의 연봉이라 부르는데요. 이 사람이 타임머신을 타고 태조 왕건이 고려를 세운 날로 돌아가, 자신의 연봉을 한 푼도 안 쓰고 모으기로 합니다. 그렇게 시작해서 고려 왕조가 끝나는 날까지 모아야 메이저리그 야구 선수의 연봉과 비슷해집니다.

물론 모든 메이저리그 선수가 그렇게 많은 돈을 받는 것은 아니죠. 게다가 메이저리그가 아니라 마이너리그라면 더욱 비교가 안 됩니다. 마이너리그 선수 중에는 생계를 걱정해야 하는 선수도 있습니다. 그러면 우리는 한편으로 뭔가 잘못되었다는 생각을 합니다. 재능의 차이가 있지만 그렇다고 연봉의 차이가 그렇게 크게 나야 할까? 마이너리그의 선수들은 불만이 없을까? 그런데 공교롭게도 마이너리그의 선수들은 큰 불만을 제기하지 않는 것 같습니다. 열심히 해서 메이저리그로 올라서면 그 큰돈이 자신의 몫이 될 수 있다고 믿기 때문이죠. 이런 종류의 시장을 '승자독식 시장'이라고 말합니다. 전체 수익의 대부분을 승자가 가져가는 시장입니다. 사람들은 어떤 생각을 할까요? 어떻게든 메이저리거가 되려 애쓰며 경쟁할 것입니다. 메이저리그 경기가 높은 수준을 유지할 수 있는 이유가 바로 이런 경쟁 구조에 있을지도 모릅니다. 그런데 실상은 엄청난 수의 희생을 무릅쓴 결과일 뿐입니다.

이런 구조를 야구만이 아니라 사회 전체로 확대하면 어떻게 될까요? 회사에서 모든 사람이 간신히 입에 풀칠할 정도의 돈만 받고 오직 한 사람만 회사가 벌어들인 모든 돈을 가진다면, 사람들이 열심히 일할 수 있을까요? 언젠가 자신이 그 한 사람이 될 거라는 희망을 가질 수 있을까요? 이른

바 신자유주의가 많은 사람에게 비난받는 이유는 신자유주의의 철학이 경쟁의 효율성을 강조한 나머지 시장에 승자독식 구조를 강화해 빈익빈 부익부, 즉 가난한 사람은 점점 더 가난해지고 부자는 점점 더 부자가 되는 현상이 일어나기 때문입니다.

마이너리거 선수들이 불평등을 감내하는 것은 언젠가 자신이 메이저리거가 될 수 있다는 희망 때문인데요. 일단 승자가 되면 그동안의 불평등을 모두 상쇄하고도 남는 이익이 발생하는 시장은 사람들로 하여금 치열한 경쟁에 빠지게 합니다. 게다가 승자독식 시장에 참여하고자 하는 사람들은 대체로 자신의 재능에 대해 자신감이 넘치죠. 도전할 만하다고 보기에 시장에 뛰어듭니다. 그러나 그런 시장을 원하지 않는 사람도 많습니다. 문제는 승자독식 시장에 거부감이 있지만, 그 밖의 다른 시장이 없을 때입니다. 어쩔 수 없이 끌려 들어가야 하기 때문입니다. 집에 가야 하는 데 다른 교통수단이 없어 걸어가야만 하는 상황처럼요.

시장과 시장이 경쟁해서 결과적으로 승자독식 시장만이 남은 상황을 생각해봅시다. 우리 모두 그 시장에서 경쟁해야 합니다. 자신이 독수리든 갈까마귀든 상관없이요. 독수리는 이렇게 말합니다. 이 시장은 공정하다. "누구나 자신의 능력대로 가져가는 것이니까!"

피로사회와
탈진하는 사회

모든 일에서 성과를 강조하는
성과주의는 경쟁을 불러일으킨다.

    과도한 경쟁 사회가 되면 사람들은 탈진하기 시작합니다. 재독 철학자 한병철은 이런 사회를 '성과사회' 그리고 '피로사회'라고 규정합니다. 모든 일에서 성과를 강조하는 성과주의는 경쟁을 불러일으킵니다. 게다가 곳곳에서 그런 경쟁을 자극하는 요소는 차고 넘치죠. 성공한 사람들이 그렇다고 말합니다. 원하든 원하지 않든 사람들은 경쟁에 뛰어듭니다. 그리고 자신이 할 수 있는 역량 모두를 발휘해야만 합니다.

    사회 곳곳에는 경쟁에 뛰어든 사람들을 격려하는 일들이 넘칩니다. 치열한 경쟁을 뚫고 승자가 된 사람들이 자신을 우상처럼 바라보는 사람들을 향해 미소 지으며 이렇게 격려합니다. "당신도 할 수 있습니다!"이는 많은 사람에게 마치 마술처럼 작동합니다. 자신의 내면을 들여다보게 하기보다는 경쟁 시장에서 성공한 미래를 먼저 보게 합니다. 성공한 사람들의 삶이 환영처럼 우리의 시선을 사로잡는 바람에 자신을 성찰할 시선의 여유가 없죠.

• 탈진하는 사회

사람은 로봇이 아닙니다. 과도한 경쟁은 사람들을 탈진시킵니다. 사회의 주체인 사람이 탈진하는데, 사람들로 이루어진 사회가 탈진하지 않을 수 없죠. 역설적이게도 혁신의 동력이 점점 더 줄어듭니다. 적도를 찾는 일, 과한 것은 모자람만 못하다는 오래된 지혜는 여기서도 필요합니다. 경쟁을 통해 더 높은 효율성과 성과를 내는 일은 중요합니다.

그러나 우리가 효율성과 성과를 중요하게 생각하는 것은 이를 통해 도달하려는 목표가 있어서인데요. 그 목표가 무엇인지를 생각하면 무조건의 경쟁, 무조건의 성과라는 말은 위험한 생각일 수 있습니다. 공교롭게도 이렇게 탈진하고 나면 비로소 삶을 되돌아보게 됩니다. 왜 그렇게 달려왔는지 그 목적을 다시 생각하는 것이죠. 하지만 이런 생각을 하기 위해 탈진해야 한다면, 너무 비싼 대가를 치르는 것입니다.

9

부드러움이
강함을 이기는 경우

인간의 지성은 아무것도 그려지지 않은
'타불라 라사(tabula rasa, 하얀 칠판)'와
같은 상태로 태어난다!

북풍과 태양

북풍과 태양이 누가 더 힘이 센지를 두고 논쟁을 벌였습니다. 그렇게 둘이 열과 세찬 바람을 두고 논란을 벌이는 동안 한 나그네가 망토를 두른 채 길을 걷고 있었습니다.

태양이 말했습니다.

"좋아, 내기하자고! 저 나그네의 망토를 벗기는 자가 더 힘이 센 것으로 하지."

"그거 좋지!"

북풍이 태양의 제안에 동조하고는 즉시 차갑고 세찬 바람을 나그네를 향해 불었습니다. 첫 바람에 하마터면 나그네의 망토가 날아가버릴 뻔했죠. 하지만 나그네는 얼른 망토를 단단하게 붙잡았습니다. 북풍은 더 센 바람을 불어댔고, 그때마다 나그네는 망토를 더욱 세게 붙잡았습니다. 북풍은 나그네의 망토를 찢을 듯 바람을 불었지만 결국 헛수고가 되고 말았습니다.

이번에는 태양이 부드럽게 햇볕을 보냈습니다. 차가운 바람이 지난 뒤의 햇볕은 더 따스하게 느껴졌죠. 나그네는 단단하게 묶었던 망토를 풀어 어깨에 걸쳤습니다. 태양은 점점 더 뜨거운 햇볕을 보냈고, 나그네는 모자를 벗고 이마에 흐르는 땀을 닦아야 했습니다. 마침내 나그네는 더위를 참지 못하고 망토를 벗고서는 길가의 나무 그늘로 피신해야 했습니다.

펜은 칼보다 강하다

'펜은 칼보다 강하다!'는 유명한 말이 있습니다. 사람을 움직이는 데 더 효과적인 것은 칼과 같은 폭력이 아니라 글이나 말과 같은 부드러운 설득이라는 것입니다. 유럽의 낡은 체제를 무너뜨리고, 근대라는 새로운 시대를 연 기폭제 역할을 한 것은 프랑스대혁명이었습니다. 당시 프랑스의 왕이었던 루이 16세는 자신을 몰락시킨 혁명의 원인이 루소와 볼테르의 글이라고 말했다고 전해집니다. 한 편의 글과 한 번의 연설이 세상을 바꾸는 기폭제가 될 수 있습니다. 물론 그 반대로 해석할 수도 있는데요. 물리적인 폭력보다 더 무서운 것이 정신적인 폭력일 수 있기 때문입니다.

이솝은 이 이야기에서 북풍과 같이 모질고 폭력적인 방식이 아니라, 태양의 따스함이 사람을 바꾼다는 사실을 말하고 싶었을 것입니다. 그런데 이 이야기는 도미노처럼 다른 이야기를 생각나게 합니다. 아시아 문화권에서 잘 알려진 쥐가 사위를 찾는 이야기입니다. 어느 날 나이 많은 쥐가 세상에서 가장 강한 존재를 사위로 삼으려고 합니다. 일단 쥐는 탈락입니다. 쥐는 고양이에게 꼼짝 못하니까요. 그런 고양이는 개한테 꼼짝 못합니다. 개는 사람한테, 사람은 호랑이한테, 호랑이는 태양을 피하려고 하죠. 다시 태양은 구름, 구름은 바람에 지고, 바람은 담벼락을 이기지 못하지만, 담벼락은 다시 쥐가 무너뜨리므로 결국 쥐가 가장 강한 존재로서 사위가 되었다는 이야기입니다.

만약 태양과 북풍이 다시 내기해서 이번에는 나그네의 겉옷을 입히는 경쟁을 했다면, 태양은 북풍을 이길 재간이 없었을 것입니다. 경쟁은 상대가 있고, 따라서 승패의 기준 역시 상대적입니다. 세상에는 절대 강자도 절대 약자도 없습니다. 쥐가 결국에는 세상에서 가장 강한 자가 되듯이 말이죠. 이렇게 비교 우위를 판단하는 기준들은 대개 그 기준이 작동하는 사회 조건과 관련이 있습니다. 간단히 말하면 우리를 둘러싼 환경 자체가 세상을 보는 시선을 규정하곤 합니다.

복종 실험과 감옥 실험, 환경에 영향을 받는 인간의 본성을 보다

심리학자인 스탠리 밀그램(Stanley Milgram 1933~1984)은 1961년 매우 기괴한 실험을 합니다. 복종 실험이라고 명명된 이 실험은 사람들이 특정 환경에서 얼마나 취약한지를 보여줍니다. 실험의 내용은 이렇습니다. 두 명의 연기자가 한 사람은 교수로, 다른 한 사람은 학생으로 분장합니다. 이들은 체벌이 교육에 어떤 효과가 있는지를 알아보는 실험을 한다고 홍보한 다음 도와줄 사람을 모집합니다. 그렇게 모인 사람들이 피실험자인 것이죠.

교수는 피실험자들에게 만약 학생이 문제를 틀리면 체벌을 하라고 요구합니다. 체벌은 전기 충격이었습니다. 게다가 문제를 틀릴 때마다 점점 더 강한 전기 충격을 주도록 요구했죠. 피실험자들은 문제를 틀리고 전기 충격을 받으면서 괴로워하는 학생을 보게 됩니다. 물론 실제로는 전기가 통하지 않았지만, 학생 역할의 실험자는 연기자였기에 매우 고통스러워하는 모습을 잘 연기했습니다. 피실험자들이 가할 수 있는 가장 강한 충격은 450볼트로 사람이 죽을 수도 있는 충격이었습니다. 피실험자들은 문제를 틀린 학생에게 450볼트짜리 전기 충격을 가할 수 있을까요?

학생 연기자는 실험 중 전기 충격을 받을 때마다 고통스러워하며 계속해서 실험을 중단해달라고 요구하지만, 길에서 쉽게 만날 수 있는 평범한 사람들로 모집된 피실험자들의 3분의 2가 사람을 죽일 수도 있는 450볼트의 전기 고문을 하고 맙니다. 반면 3분의 1 정도는 실험을 중단했습니다. 밀그램의 실험을 본 사람들이 놀랐던 것은 평범한 사람들이 어떻게 그렇게 잔인한 고문을 하라는 명령에 쉽게 복종해버렸는지였습니다.

비슷한 실험은 스탠퍼드 대학에서 있었던 감옥 실험입니다. 짐바르도 교수는 일당 15달러를 주기로 하고 실험 참가자들을 모았습니다. 모두 21명의 대학생 실험 참가자들이 모였습니다. 피실험자들은 동전을 던져서 간수와 죄수로 역할을 나누었습니다. 본래 계획은 2주 동안의 실험이었지만 실제로 실험은 단 6일 만에 끝났는데, 그 이유는 간수 역을 맡은 학생들이 지나치게 폭력적으로 변해버려서였습니다. 그들은 실험 중 죄수 역을 하기로 피실험자들이 평범한 학생이라는 것을 알고 있었지만, 자신들이 간수 역을 맡기로 했기에 자신들의 명령에 복종해야 한다고 생각했습니다. 하지만 죄수 역을 맡은 사람들이 이런저런 이유로 항의하기 시작했고, 그러자 간수 역을 맡은 사람들이 질서 유지라는 명목으로 폭력적인 방법, 심지어 심각한 인권유린 행위를 하기 시작했습니다.

밀그램의 복종 실험이나 짐바르도의 감옥 실험은 인간이 자신을 둘러싼 상황에 얼마나 큰 영향을 받는지를 분명하게 보여줍니다. 이 실험들은 실험에 참가한 사람들은 물론이고, 실험을 계획한 사람들마저 당황하게 만들 정도였습니다. 밀그램 실험도 교육 효과를 높인다는 명목으로 일종의 고문을 강요하는 실험이었죠. 밀그램은 실험 참가자들에게 사례비로 4달러를 주기로 했는데요. 그는 단돈 4달러 때문에 사람들이 450볼트의 전기 고문을 할 거라고는 생각하지 않았습니다.

실제로도 돈 때문에 그토록 많은 사람이 고문을 가한 것은 아닙니다. 그보다는 권위 있는 학자가 '괜찮다! 내가 책임질 테니 걱정하지 말고 하라!'는 명령에 자신의 이성적인 판단의 끈을 놓아버린 채 전기 충격을 주는 단추를 눌렀던 것입니다. 인권을 침해할 수 있는 이 실험 때문에 밀그램은 한동안 자격 정지를 받기까지 했습니다.

이는 제2차 세계대전 당시 홀로코스트 상황에서 죄 없는 사람들을 학살한 사람들의 폭력성과 공격성이 도대체 어떻게 가능했는지를 짐작하게 해주는 실험이었습니다. 물론 많은 사람이 환경과 상황에 굴복하지만, 그럼에도 꿋꿋이 자신의 양심을 지킨 사람들도 있습니다. 사실 우리가 주목해야 할 것은 그런 소수의 사람들입니다. 만약 그들이 환경을 바꿀 수 있다면, 즉 경쟁적이고 폭력적인 사회를 평화롭고 서로 돕는 환경으로 바꿀 수 있다면, 환경의 영향에 쉽게 굴복했던 사람들 역시 다시 평화로운 존재가 되겠죠. 희망은 다수에게서 발견하는 것이 아니라 소수에게서 발견하는 법입니다.

타불라 라사, 인간에게 교육은 어떤 의미가 있는가?

영국의 철학자 로크는 인간의 지성은 백지상태와 같다고 말합니다. 태어날 때는 아무것도 그려지지 않은 '타불라 라사(tabula rasa, 하얀 칠판)'와 같지만 살면서 경험이 생기고, 그런 경험들이 흰 칠판을 채워나간다는 것입니다. 이는 이후 사람들에게 많은 영향을 미칩니다. 실제로 우리가 공부하면서 지식을 채워가는 과정을 보면, 로크의 생각을 쉽게 받아들일 수 있습니다. 아무것도 몰랐다가 공부를 하면서 점점 더 많은 것을 알게 되고, 그렇게 늘어난 지식으로 세상에 대한 생각을 가지니까요.

　로크의 타불라 라사는 인간 지성의 본성에 관한 것이기는 하지만, 한걸음 더 나아가 인간 지성만이 아니라 인간의 본성 자체가 아무것도 그려지지 않은 백지상태와 같은지 생각해볼 수 있는데요. 사실 인간 본성이 선한지 혹은 악한지, 또 이기적인지 아니면 이타적인지 등에 대한 논의는 인류가 학문을 한 이래 오랫동안 논쟁의 대상이었습니다. 그 오랜 논쟁 시간의 의미는 인간의 본성을 획일적으로 규정하는 것이 어렵다는 사실에 대한 방증이죠.

　로크의 정의에 따르면, 자연 상태의 인간은 대체로 평화롭고 자기 보존에 신경 쓰는 존재입니다. 이는 우리가 상식적으로 이해하는 인간 본성에 가깝습니다. 이론적으로 따지다 보니 인간이 본래 선하다거나 악하다거나 규정하는 것이지, 사실 인간은 이럴 때도 저럴 때도 있습니다. 그런데 로크의 말처럼 인간의 지성이 하얀 칠판과 같다면, 어떤 경험을 하고 어떤 지식을 쌓는지가 각자의 행동에 커다란 영향을 미칠 것입니다. 다시 말해 어떤 환경에서 자라는지에 따라 품성이 결정됩니다.

'자연으로 돌아가라'와
《에밀》

장 자크 루소
Jean Jacques Rousseau, 1712~1778

프랑스의 철학자 장 자크 루소는 '자연으로 돌아가라!'라는 말로 유명한데, 이는 인간 본래 모습으로 돌아가야 한다는 뜻이기도 합니다. 그에 따르면 인간은 본래 평화롭고 다른 사람에게 연민을 느끼며 쉽게 공감하는 존재입니다. 그런데 인간이 문명을 이루고 문화를 가꾸고 도덕을 가르치면서 오히려 타락하기 시작했다고 주장하는데요. 그는 자신의 책《에밀》에서 자연에서 마음껏 뛰어노는 순진무구한 어린아이들이 나이가 들어가며 세속에 찌들어가는 과정이 그 예라고 말합니다.

• 《에밀》

《에밀》(1762)은 총 5편으로 이루어진 루소의 교육론입니다. 에밀이란 이름의 어린이가 태어나면서부터 25년에 걸쳐 받는 교육 과정을 정리하고 있습니다. 루소에게 교육이란 차라리 어린 시절의 순진무구함을 회복하는 일, 혹은 어린 시절의 상태를 지속해나갈 힘을 기르는 일입니다. 그에게 가장 문제가 되는 상황은 자연에서 배우는 것과 인간 세상에서 배우는 것이 서로 모순인 경우입니다. 이런 경우 어린아이가 조화로운 통일체로 성숙하지 못한다는 것이죠. 그런데 현실은 우리가 배우는 것과는 실제 세상이 다르다고 알려줍니다. 많은 사람이 학교에서 배운 대로 사회가 돌아가지 않는다는 것을 알았을 때 충격을 받기도 하는데요. 사람들은 그게 어른이 되어가는 과정이라고 말하곤 하니, 루소의 이야기가 설득력 있게 들립니다.

루소는 교육의 기준은 자연이어야 하고, 자연의 가르침이 가장 중요하다고 말합니다. 그래서 공교육은 거의 쓸모가 없고 가정교육이 중요하다고 말하기까지 합니다. 커다란 깨달음을 얻은 사람들이 자연의 이치에서 깨달음을 얻는 것을 보면, 루소의 주장을 마냥 흘려들을 수만은 없습니다. 우리의 삶이 낭만주의적 자연으로 돌아가는 것이 쉽지 않다면, 최소한 우리가 살아가는 환경을 스스로 어떻게 바꾸어 나가야 하는지에 대해서 고민해야 합니다.

세 번째
이야기

더불어
잘 살기

⭐ 어떻게 다른 사람들과 함께 잘 살아갈 수 있는가?

1
공정한 분배란?

사자와 당나귀와 여우

사자와 당나귀, 그리고 여우가 함께 사냥을 나갔습니다. 셋이 힘을 합쳤기 때문에 꽤 많은 먹이를 구했는데요. 당나귀가 전리품을 나누었고, 공정하게 셋이 모두 똑같은 양을 가질 수 있도록 했습니다.

여우는 아주 만족했지만, 사자는 화가 나서 커다란 주먹으로 당나귀를 때려눕히고는 먹이 더미 위에 당나귀를 보태버렸습니다. 그러고는 여우를 향해 돌아서서 말했습니다.

"이번에는 자네가 나눠보게!"

여우는 지체하지 않고 먹이를 나누기 시작했는데요. 사자 쪽으로는 먹을 것 대부분을 쌓아 놓고, 자기 몫으로는 아주 조금만 가졌습니다. 그나마도 산양의 뿔이나 황소의 꼬리 같은 보잘것없는 것들뿐이었습니다.

사자는 금방 기분이 좋아져서 미소를 지으며 물었습니다.

"자네는 이렇게 공정하게 나누는 법을 누구에게 배웠는가?"

"당나귀한테 배웠습니다."

여우는 조심스럽게 대답한 뒤 그 자리를 빠져나왔습니다.

획일적이기 어려운 분배의 원칙

참 어처구니없는 분배입니다. 힘센 자가 자기 이익을 기준으로 분배의 원칙을 정한 경우인데요. 사실 원칙이라고 할 수도 없죠. 그저 사자가 "내가 제일 많이 먹을 테다!"라고 한 것이니까요. 어떤 면에서는 당나귀가 공정하게 나눴다 할 수 있습니다. 함께 사냥했으니 그렇게 얻은 결과도 함께 나눠야 합니다. 물론 무조건 획일적으로 나누는 것도 문제가 없지는 않습니다.

인류 역사에서도 분배의 문제는 가장 중요하고 또 오래된 수수께끼였습니다. 슬기로운 사람들은 분배의 문제를 잘 해결함으로써 공동체를 안정적으로 유지했지만, 분배가 제대로 되지 않아서 공동체 자체가 붕괴한 경우도 많습니다. 귀족이나 양반이 농민들을 수탈해 결국 나라를 망하게 하곤 했으니까요. 우리에게 이런 역사적 과거가 있다는 사실을 허투루 생각해서는 안 됩니다. 과거의 잘못에서 제대로 배우지 못한다면, 결코 더 좋은 미래를 생각할 수 없습니다. 그런 점에서 인간이 지성적인 존재라는 사실을 일깨워주는 것은 여우입니다.

이 이야기는 못된 사자를 비판하는 내용이고 약자들이 세상을 살아가는 방식에 대한 쓸쓸한 교훈이지만, 조금 다른 관점에서 보면 또 하나의 가르침을 줍니다. 여우는 앞서 당나귀가 분배에 실패한 것을 보고 분배의 원칙을 변경합니다. 물론 여우의 분배 방식은 공정하지 못했지만, 어쨌든 우리가 분배의 방식을 이렇게 저렇게 변경할 수 있다는 점에서 더 공정하고 더 정의로운 분배 방식을 생각해볼 수 있지 않을까요?

케이크 나누기, 누구나 만족할 분배가 가능한가?

미국의 철학자 존 롤스(John Rawls, 1921~2002)는 자신의 책《정의론》에서 맛있는 케이크를 나누는 방법에 대해 물었습니다. 맛있는 케이크를 어떻게 나눠야 공정할까요? 누구든 먹고 싶은 만큼 나누는 방법은 누가 더 먹든 신경 쓰지 않아도 될 정도로 케이크가 커야 합니다. 이 경우에는 모두가 다 풍요롭기에 공정하게 나눠야 한다는 생각을 할 필요도 없습니다. 반면 케이크가 작은데 먹고 싶은 사람은 많다면 문제가 됩니다. 누구는 많이 먹고 누구는 적게 먹는다면, 불만을 가진 사람이 틀림없이 나옵니다. 분배가 공정하지 못하니까요.

케이크가 워낙 커서 모두가 먹고도 남을 정도가 아니라면, 그다음 방법은 각자가 원하는 만큼에 비례해서 먹는 것입니다. 사실 이것이 가장 좋은 방법이라고 할 수도 있습니다. 많이 먹고 싶은 사람은 많이 먹고, 적게 먹고 싶은 사람은 적게 먹어서 각자 자신의 만족감을 최대로 할 수 있게 해주니까요. 케이크를 크게 하자는 생각은 이렇게 각자가 자신에게 최대의 만족감을 줄 수 있게 분배할 수 있기 때문입니다. 그런데 케이크를 버릴 수 없어 모두 먹어치워야 한다면 너무 큰 케이크는 축복이 아니라 재앙일 수도 있죠. 플라톤의 적도 개념을 생각하면, 사람들의 만족감이 최대가 되게 하는 크기의 케이크가 있고, 각자가 원하는 만큼 적절하게 분배하는 게 최선입니다.

문제는 각자 자신이 언제 최대한 만족하는지, 또 자기 욕망의 크기를 정확히 잘 모른다는 점입니다. 심지어 욕망과 만족감은 시시때때로 변하기까지 하죠. 본래 별로 생각이 없었는데 일단 맛을 보니 갑자기 많이 먹고 싶어질 때도 있고, 지금은 배부르지만 이따가 다시 먹고 싶을지도 몰라 조금만 달라고 한 것을 후회할 때도 있습니다. 만족감, 그러니까 효용을 최대로 하는 일은 여간 어려운 일이 아닙니다. 그래서 나온 대안이 모두 똑같이 나누는 것입니다. 자신에게 어떤 변화가 생길지 모르니까 일단 균등하게 분배하는 것이죠.

균등하게 분배하는 것 역시 쉽지 않습니다. 네 조각으로 이루어진 케이크를 일곱 명이 나눠 먹는다고 생각해봅시다. 게다가 어떤 조각에는 맛있는 딸기가, 다른 조각에는 크림만 올려 있다면 문제는 더 복잡해지는데요. 이때 사람들은 누가 케이크를 나누며 누가 먼저 고를지를 두고 따지게 됩니다. 롤스는 이렇게 말합니다. "누가 케이크를 나누든 그가 맨 나중에 가져가게 하면 된다." 분배자가 맨 나중에 자기 몫을 가져가게 하면, 적어도 그는 최대한 공정하게 나누려고 애쓸 테니까요.

흙수저와 금수저, 공정성의 딜레마

롤스는 어떤 분배가 가장 좋은 분배인지 알기 어려운 상황에서 가장 중요한 것은 공정성이라고 말합니다. 분명 열심히 일하고 재능 있는 사람들이 그렇지 않은 사람들보다 더 많이 가져야 공정한 분배일 것입니다. 능력대로 분배받는 것은 자연스러워 보입니다. 그런데 열심히 하지 않아서 적은 분배를 받는 것은 그렇다 쳐도, 능력이 모자라서 적은 분배를 받는다는 것은 좀 꺼림칙합니다. 아무리 열심히 해도 안 되는 건 정말 속상한 일이니까요. 최선을 다했다면 적어도 자신이 한 것에 대한 보답은 받고 싶기 때문입니다.

더 억울한 것은 재능도 있고 열심히 할 수도 있는데, 운이 없게도 기회가 오지 않는 경우입니다. 이미 재능 있고 열심히 하는 사람들이 자리를 다 차지해 자신이 제대로 능력을 발휘할 기회가 없을 뿐인데, 오직 결과적인 기여도에 따라 분배를 조금밖에 받지 못한다면 이는 더욱 억울한 일입니다. 재능이 아주 많은 야구 선수지만 높은 연봉을 받는 선수들이 주전 자리를 차지해 어쩔 수 없이 벤치에 앉아 있어야만 하는 경우가 그렇겠죠. 사회에는 이와 비슷한 경우가 아주 많습니다.

이를 조금 다른 맥락에서 생각해봅시다. 사자와 여우와 당나귀가 사냥을 나가기 전에 분배의 원칙을 합의하기로 합니다. 사자는 각자 자신의 능력대로 나누자고 합니다. 그러면 여우나 당나귀는 불만이 생기죠. 여우로 태어나고 당나귀로 태어난 것이 자신의 선택은 아니니까요. "내가 당나귀로 태어나고 싶어서 당나귀로 태어난 것도 아닌데, 단지 당나귀이기 때문에 조금밖에 분배받지 못한다는 것은 억울해!" 모든 사람이 평등하다는 원리에서는 당연한 생각입니다. 반면 사자 입장에서는 사슴과 같이 커다란 사냥감을 잡을 수 있는 것은 오직 자기 때문입니다. 당나귀나 여우는 큰 사냥감을 잡을 수 없죠. 그런데도 똑같이 나눠야 한다면 불공정합니다. 따라서 사냥을 나가기 전에 분배의 원칙에 합의하기란 여간 어려운 일이 아닙니다.

앞서 토마 피케티가 분석했던 내용을 생각해봅시다. 우리 사회가 부자는 더 큰 부자가 되고 가난한 사람이 부자가 되기는 거의 불가능한 사회라면, 부자인 부모님 아래서 태어난 사람은 가난한 부모님에게서 태어난 사람에 비해 훨씬 유리한 위치에 섭니다. "금수저를 물고 태어났네", "흙수저네" 하는 말들은 이런 상황 때문에 나온 말들이죠. 누구든 당나귀로 태어나고 싶어서 태어난 사람은 없습니다. 사자로 태어나는지 당나귀로 태어나는지는 자신의 능력과는 별개의 문제입니다. 그럼에도 금수저로 태어나면 훨씬 더 유리하고 흙수저로 태어나면 불리할 수밖에 없으니, 이미 시작부터 기울어진 운동장에서 경기하는 것이며 그런 경기가 공정할 리 없죠. 심지어 금수저로 태어나면 능력이 없는데도 더 많은 몫을 받게 되고, 흙수저로 태어나면 능력이 많아도 그 능력을 발휘할 기회조차 잡지 못해서 언제나 작은 몫만을 분배받아야 할 수도 있습니다. 우리 사회가 귀족과 노예가 있던 신분제 사회도 아닌데, 이런 사회를 공정한 사회라고 할 수는 없습니다.

누군가 어떤 상황에서 다른 사람보다 더 좋은 조건을 가졌을 때, 그 조건이 그의 능력 때문이 아니라 우연히 유리한 환경을 가진 덕분에 얻은 것일 때가 있습니다. 이렇게 우연하게 얻은 조건을 마치 자신의 능력으로 얻은 것처럼 착각할 때 문제가 생깁니다. 능력이 뛰어나거나 열심히 노력한 사람이 그렇지 않은 사람보다 더 좋은 대접을 받는 것은 자연스럽습니다. 이는 우리가 공정성에 대해 가진 기준에 크게 위배되지 않습니다. 그런데 우연히 얻는 환경의 이익을 자신의 능력이라고 생각하는 사람들이 우리 주변에는 적잖습니다. 바로 이런 사정들 때문에 모든 사람이 특정한 분배의 원칙에 만족스럽게 합의하는 일은 불가능하다고 생각할 수도 있습니다.

무지의 베일

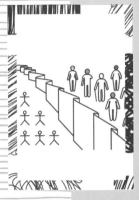

**우리는 흙수저로 태어나도
열심히 노력하면 금수저가 될 수 있는
사회를 만들 수는 있다.**

철학자 존 롤스는 평생을 분배의 문제에 관심을 가졌던 사회
철학자입니다. 존 롤스는 사람들이 분배의 원칙에 합의하기 위
해서는 그 합의를 끌어내는 계약 상황에서 자신의 실질적인 조
건들에 대해서는 모르는 상태여야 한다고 말합니다. 그는 이
런 상황을 '무지의 베일'을 쓴다고 표현합니다.

무지의 베일이란 말 그대로 자신이 어떤 능력이 있는지 모르
는 상태를 가리키는 개념입니다. 롤스에 따르면 합리적인 사람
들이라면, 불확실한 상황에서 가능한 한 안전한 선택을 할 것이
라고 말합니다. 자신이 금수저로 태어날 가능성과 흙수저로 태
어날 가능성이 같다고 해봅시다. 말하자면 무지의 베일을 쓰

는 것입니다. 그러면 사람들은 우선 금수저로 태어났을 때 자신이 얻을 이익과 흙수저로 태어났을 때 자신에게 발생할 손해를 계산해보겠죠. 흙수저로 태어났을 때 자신에게 발생할 손해가 너무 크다고 예상된다면, 사람들은 훨씬 더 안전한 기준을 마련하려고 할 것입니다.

이런 상황은 한 사회가 분배의 문제와 관련해 가져야 할 생각들을 가다듬게 합니다. 흙수저로 태어났을 때 그 위험이 너무 큰 사회는 결코 좋은 사회라고 할 수 없습니다. 흙수저로 태어나는가 금수저로 태어나는가는 우리 자신이 결정할 수 있는 문제가 아니죠. 대신 우리는 흙수저로 태어나도 열심히 노력하면 금수저가 될 수 있는 사회를 만들 수는 있습니다. 일단 흙수저로 태어나면 평생을 흙수저로 살 수밖에 없는 사회 구조라면, 희망이 없는 사회가 될 것입니다. 우리가 더 좋은 사회에서 살고 싶다면, 그런 사회를 만들려고 애써야 합니다.

2
아무리 작은 힘이라도
정의를 바로 세울 수 있다

딱정벌레와 독수리

한번은 토끼가 독수리를 피해 딱정벌레 집으로 피신해 들어왔습니다. 딱정벌레는 독수리에게 토끼를 살려달라고 부탁했지만, 독수리는 딱정벌레의 부탁은 아랑곳하지 않고 토끼를 덮쳤고 커다란 날갯짓으로 딱정벌레를 저 멀리 날려버렸습니다. 화가 난 딱정벌레는 독수리의 둥지로 날아가 독수리의 알들을 모두 바깥으로 굴려 떨어뜨렸습니다. 둥지로 돌아온 독수리는 너무 슬프고 화가 났지만, 도대체 누가 이런 짓을 했는지 알 수 없었습니다.

이듬해 독수리는 산꼭대기 바위에 둥지를 틀었지만, 딱정벌레가 다시 그곳까지 찾아와 지난해와 마찬가지로 알들을 깨트려버렸습니다. 절망에 빠진 독수리가 이번에는 위대한 제우스를 찾아가 제우스의 무릎에 알을 낳았습니다. 누구도 제우스의 무릎에 있는 알에 해를 끼칠 수는 없다고 믿었기 때문이죠. 하지만 딱정벌레는 제우스의 머리 위를 붕붕거리며 귀찮게 날아다녔고, 마침내 제우스가 딱정벌레를 쫓기 위해 일어서는 바람에 독수리 알들이 굴러 떨어져 깨져버렸습니다.

딱정벌레는 그간의 사정을 모두 제우스에게 말했고, 제우스는 딱정벌레의 행동에 정당한 이유가 있음을 알았습니다. 그래서 제우스는 딱정벌레가 아직 땅속에서 잠을 자는 봄에 독수리가 알을 낳도록 했습니다.

힘없는 존재와 나비 효과

이솝은 이 이야기를 통해 힘센 존재라고 해서 자신보다 약한 존재를 함부로 대하면 안 된다는 교훈을 주고 싶었을 것입니다. 이는 도덕적으로도 올바른 일이니까요. 그런데 그런 교훈의 이면에는 이런 것도 있습니다. 자신이 힘없는 존재라고 생각해 지레 포기해서는 아무것도 얻을 수 없다는 것. 다시 말해 우리 사회에 어떤 문제가 있어서 그것을 고쳐야 하는데, 자신에게는 힘이 없으니 아무것도 할 수 없다고 생각해서는 안 됩니다. 그런 포기는 사회를 바꿀 수 없습니다.

세상일은 온갖 일이 뒤얽혀 복잡하게 연결되어 있고, 그렇게 연결된 그물망에는 틀림없이 딱정벌레가 할 수 있는 일이 있기 마련입니다. 딱정벌레와 같이 얼핏 보면 작은 힘이지만, 그 작은 힘이 무서운 힘이 될 수도 있으니까요. 그리고 우연히 그 미미한 존재가 할 수 있는 일이 커다란 독수리를 곤경에 처하게 만드는 일이 될 수도 있죠. 물론 딱정벌레처럼 폭력적인 방법으로 복수하는 것은 결코 좋은 생각이 아니지만 말입니다.

이런 복잡한 세계를 특징짓는 개념 중 하나가 바로 '나비 효과'입니다. 나비 효과는 북경에서 나비가 날갯짓을 하면 미국에서 허리케인이 분다는 뜻입니다. 한 시스템의 작은 부분에서 작은 변화가 일어나면, 그 변화가 이웃에게 전파되는 과정을 통해 처음 국면에서는 결코 예측하기 어려운 거대한 변화를 낳는 다는 생각입니다.

메뚜기 떼의 공포, 작은 것들이 모여 큰 변화를 가져오다

메뚜기 한 마리는 그렇게 위협적인 존재가 아닙니다. 그런 데 그 메뚜기의 수가 수십억 마리로 늘어나면 사정이 달라지는 데요. 이따금 메뚜기 떼가 어떤 지역을 습격해서 그 지역의 농 작물이 완전히 초토화되는 일이 보도되곤 합니다. 이는 성경 에도 나올 정도로 오랫동안 반복된 일이기도 합니다. 몇 년 전 에는 아프리카의 마다가스카르가 호된 경험을 했고, 우리나라 의 해남 지역도 메뚜기 떼로 큰 곤란을 겪은 적이 있습니다. 거 대한 메뚜기 떼가 지나가면 말 그대로 땅이 황폐해집니다. 초록 색이라고 부를 수 있는 것들은 모조리 갉아먹기 때문입니다. 열 심히 농사를 지어 풍요로운 수확을 기대하는 농부에게는 말 그 대로 재앙입니다. 그러면 마치 도미노가 쓰러지듯 농부가 지 은 농산물을 먹어야 하는 우리도 메뚜기 떼 습격의 여파를 받 지 않을 수 없습니다.

작은 것들이 모여 큰 힘을 이루는 사례는 이 밖에도 많습니 다. 개미 떼도 그렇죠. 각각은 보잘것없으나 일단 모이면 힘을 발 휘합니다. 전 세계적으로 심각한 문제인 미세먼지의 습격을 생각해보세요. 흔히 정말 보잘것없는 것을 가리켜 '한 줌의 먼지 같다'고 말하는데, 그런 먼지가 모이니 인간의 삶 전체를 위협할 정도가 됩니다. 플라스틱을 쓰레기로 처리하는 과정에서 미세 플라스틱이 나옵니다. 눈에 보이지도 않는 작은 플라스틱 조각들이 바다로 흘러 들어가 그것을 플랑크톤이 먹고, 플랑크톤을 작은 물고기가 먹고, 작은 물고기를 큰 물고기가 먹죠. 그리고 큰 물고기를 우리가 먹어, 결국 우리 몸에 플라스틱이 들어오게 됩니다. 그렇게 모인 플라스틱은 생태계와 인간의 생명을 위협하는 위험한 것이 되었습니다. 이렇게 작은 힘이 모여 거대한 변화를 일으키는 일이 인간의 역사에 없었을까요?

프랑스대혁명이 쏘아올린 자유와 평등 이념

1789년에 일어난 프랑스대혁명은 인간이 자유롭고 평등한 존재라는 사실을 가장 드라마틱하게 보여준 역사적 사건입니다. 혁명의 원인이 무엇이었는지, 또 혁명의 진정한 의미가 무엇이었는지에 대해서는 여러 해석과 논란이 있습니다. 다만 분명한 것은 그 혁명으로 인해 신분제 사회가 붕괴하기 시작했으며, 그 결과로 오늘날의 정치 체제가 시작되었다는 사실입니다.

당시 프랑스의 부르봉왕조는 절대왕정의 상징과도 같았습니다. 태양왕이라고 불린 루이 14세는 '왕이 곧 국가'라고 말한 사람입니다. 당시 프랑스 귀족은 세금을 내지 않았습니다. 나라의 재정은 오직 평민이 낸 세금으로 채울 뿐이었죠. 설상가상으로 기상재해마저 빈발하던 시절이어서 평범하게 농사를 짓고 살던 평민의 삶은 늘 궁핍하기 짝이 없었습니다. 반면 왕궁의 사치스러운 생활은 대단했습니다. 또 이곳저곳에서 전쟁을 벌여 그 비용 역시 막대했고요. 그 결과 루이 16세에 이르러 국가의 재정이 곤란해지자 프랑스 왕궁에서는 더 많은 세금을 거두기 시작했습니다. 평민은 점점 더 많은 세금을 내야 했고, 마침내 1789년에 사람들의 분노가 폭발했습니다.

성난 사람들이 당시 정치범 수용소였던 바스티유 감옥을 습격함으로써 혁명의 도화선에 불이 붙습니다. 그렇게 시작된 혁명의 바람은 마른 들에 불길이 번지듯 프랑스 전역으로 퍼져나갔습니다. 혁명의 주도 세력은 왕정을 폐하고 새로운 시대를 천명하는데요. 그때 발표된 인권 선언 제1조의 내용은 이렇습니다. "인간은 자유롭고 평등하게 태어나 생존하며, 사회적 차별은 오직 공공의 이익을 근거로 해서만 있을 수 있다."

프랑스대혁명이 시작된 것은 그동안 힘없이 착취당하던 시민의 분노 때문이었습니다. 한 조사에 따르면 18세기에 평민이 내야 했던 세금은 200퍼센트가 늘었지만, 그 기간에 평민의 수입은 10퍼센트밖에 늘지 않았습니다. 파탄 난 국가 재정을 오직 평민의 주머니를 털어 메우고 귀족에게는 면세 혜택을 주었으니, 프랑스대혁명은 당시 프랑스의 불공정과 불평등의 결과였던 셈입니다. 평민들은 바로 그 불평등을 바로잡고자 했습니다. 하지만 가난하고 힘없는 평민들이 힘을 모았던 혁명은 안타깝게도 실패라고 말해야만 하는 상황으로 빠집니다. 혁명이 이내 사회 전체를 혼란스럽게 만들었기 때문입니다.

거센 불길처럼 일어난 혁명의 주체 세력들은 새로운 나라를 어떻게 만들어가야 할지 합의에 이르지 못했습니다. 사람마다 집단마다 생각이 달랐고, 그 때문에 합의보다는 권력을 잡는 일이 먼저라고 생각했습니다. 혁명의 주인공 중 한 명이었던 로베스피에르가 정권을 잡았을 때는 혼란상을 극복할 요량으로 그 유명한 공포정치를 시행합니다. 그는 자기 생각과 다른 사람들을 혁명의 이름으로 무자비하게 처형함으로써 자신이 생각한 혁명의 과업을 완수하려 했지만, 결과는 오히려 그 자신이 희생되고 정국은 더욱 혼란스러워지고 말았습니다. 게다가 프랑스에서 일어난 혁명에 두려움을 느끼던 다른 나라의 왕들이 프랑스를 적대시하는 바람에 프랑스 사람들의 삶은 혁명 이전보다 더 열악한 상황에 빠지고 맙니다.

본래 더 잘 살기 위해 시작된 혁명이었으나, 정치적 혼란과 주변국의 적대적 행위들은 프랑스를 점점 더 위기로 몰아넣습니다. 이 위기를 이용해 정권을 잡은 사람이 바로 나폴레옹입니다. 나폴레옹은 황제가 됨으로써 다시 프랑스를 전제정치의 시대로 되돌려버립니다. 프랑스대혁명의 시작은 분명 의미 있는 일이었습니다. 그러나 준비되지 않은, 그리고 분노에 휩싸여 시작된 혁명은 온전한 새로운 질서를 창출하지 못하고 실패합니다. 물론 그렇다고 프랑스대혁명이 완전한 실패냐고 묻는다는 단연코 아닙니다. 혁명이 천명한 인간의 자유와 평등이라는 이념은 지속해서 그 싹을 틔워, 오늘날 전 세계의 사람들은 인간이 자유롭고 평등하다는 생각을 당연하게 받아들이니까요.

우리 역사에도 프랑스대혁명과 비슷한 경험이 있는데요. 바로 동학농민혁명입니다. 19세기 말 조선은 외국 세력의 간섭으로 위기를 겪고 있었고, 이런 정치적 위기를 틈타 지방에서는 탐관오리들의 착취가 도를 넘어섰습니다. 동학교도와 농민 들은 '신분제도 철폐', '빈부차별 일소', '탐관오리 엄벌' 등을 내세우며 무장봉기에 나섰는데요. 모든 사람이 귀천이 따로 없고 평등하다는 동학의 이념은 프랑스 시민이 내걸었던 인권 선언과 크게 다르지 않습니다. 물론 프랑스대혁명이 좌절한 것과 마찬가지로 동학혁명 역시 그 정치적 혼란을 이용하려던 세력과 일본군에 의해 실패로 끝나고 맙니다. 당시 조선 역시 그런 변화를 받아들일 수 있는 준비와 역량이 없었던 탓입니다.

철학 수업

근대 과학의 성공과 콩도르세의 유토피아

마르키 드 콩도르세
Marquis de Condorcet, 1743~1794

　　근대의 유토피아 사상을 비판하는 사람들은 유토피아주의
자들이 인간 본성을 너무 쉽게 생각했다고 비판합니다. 마르크
스는 자신의 공산주의 이론을 하나의 과학이라고 말하며, 인간
의 역사가 공산주의 사회로 발전해가는 것은 필연이라고 말합
니다. 마치 우리가 자연법칙에 따라 미래를 예측하듯 역사에서
도 역사법칙에 따라 미래를 예측할 수 있다는 건데요. 근대 과
학의 성공은 자연만이 아니라, 인간 삶과 사회 현상에서도 비
슷한 성공을 거둘 수 있다는 기대를 심어주었습니다. 그래서 설
령 인간 본성이 어떻든 교육의 법칙을 찾아내어 잘 교육하면 사
회가 원하는 인간을 만들어낼 수 있다고 기대했죠. 이런 생각

을 가장 분명하게 말한 사람은 콩도르세였습니다.

•콩도르세의 유토피아

프랑스의 철학자 마르키 드 콩도르세는 프랑스대혁명 기에 교육 문제에 가장 열렬한 관심을 가졌던 계몽주의자였습니다. 그는 인류 역사가 완성을 향해 전진한다고 봤는데요. 그는 정치적 위기에 임박해 《인간 정신의 진보에 관한 역사적 개요》라는 책을 씁니다. 여기에서 그는 인류 역사의 발전을 10단계로 서술합니다.

그는 앞으로 다가올 10번째 단계에서는 국가 간에 불평등이 없어지고 계급 간에도 불평등이 없어져, 마침내 인류가 신체적인 면에서는 물론이고 지적으로나 도덕적으로도 완성된 존재가 된다고 믿었습니다. 말 그대로 유토피아를 생각한 것이죠. 그런 생각을 가졌던 콩도르세였기 때문에 그는 프랑스대혁명을 그 누구보다도 환영했습니다. 하지만 공교롭게도 그는 로베스피에르의 생각에 반대했다가 쫓기는 신세가 되었고, 결국 차가운 감옥에서 생을 마감하는 비참한 최후를 맞습니다.

절대 권력의 속성

개구리들의 임금님

개구리들은 자기들이 질서가 없는 것이 너무 피곤했습니다. 개구리들은 자유롭게 제멋대로 살 수 있었는데요. 때로는 너무 심해서 서로 피곤할 정도였습니다. 하는 일이라고는 함께 모여 지루하게 개골개골 우는 일뿐이었죠. 그래서 개구리들은 자기들을 다스려줄 정부가 있었으면 하고 바랐습니다. 그러면 뭔가 재미있는 볼거리도 있고, 권위에 충성도 하고, 무엇보다 자기들이 질서 있는 존재가 될 것만 같았거든요. 개구리들은 강한 권위가 있는 정부를 원했고, 마침내 제우스에게 왕을 보내달라고 요청했습니다.

제우스는 개구리들이 단순하고 바보 같은 요청을 한다고 생각했지만, 아무 말도 하지 않고 통나무 하나를 개구리들의 왕으로 연못에 던져주었습니다. 통나무가 커다란 물보라를 일으키며 연못에 떨어지자, 개구리들은 갈대와 풀밭에 몸을 숨긴 채 새 왕이 몹시 크고 무섭다고 생각했습니다. 하지만 이내 개구리들은 새 통나무 왕이 지루하고 평화로운 왕이라는 사실을 알아버렸죠. 어느 날 어린 개구리들이 통나무 왕을 다이빙대로 쓰기 시작했고, 늙은 개구리들은 통나무 왕 위에 다시 모여 제우스에게 불만을 늘어놓았습니다.

신들의 왕인 제우스는 개구리들에게 가르침을 줘야겠다고 생각했습니다. 제우스는 새로운 왕으로 학을 보냈는데요. 새로 온 학은 이전 통나무 왕과는 사뭇 달랐죠. 학은 고개를 왼쪽 오른쪽 돌리면서 개구리들을 잡아먹었습니다. 개구리들은 그제야 자신들이 얼마나 바보 같은 짓을 했는지 깨달았습니다. 슬픔에 빠진 개구리들은 제우스에게 자기들이 모두 죽기 전에 얼른 왕을 데려가라고 애원했습니다. 제우스가 대답했습니다.

"어떻게 또! 아직도 만족하지 못했느냐? 너희들은 너희들이 원하는 것을 가졌다. 이제 그 불행에 대해서는 너희 스스로가 책임져야 한다!"

이기주의와 무질서, 메두사호의 비극은 끝나지 않았다

1816년 프랑스에서는 몇 척의 배가 아프리카의 세네갈을 향해 출발합니다. 그중 한 척이 메두사호였습니다. 메두사호를 중심으로 한 배들은 프랑스가 영국에게 그 지배권을 넘겨받은 세네갈을 통치하기 위해 파견한 사람들과 세네갈에서 살려는 사람들이 타고 있었습니다. 제국주의라는 나쁜 의도 탓인지 그리스 신화에서 나오는 머리가 여럿인 괴물 메두사라는 이름 때문인지, 메두사호는 비극의 주인공이 되고 맙니다. 메두사호의 선장은 쇼마레였는데, 그는 항해에 관한 지식은 거의 없이 오직 선장이라는 권위에만 집착했던 인물이었습니다. 선원들의 만류에도 선장이 고집을 피우자 경험이 많은 선원들은 노골적으로 선장을 무시하기 시작했고, 항해에도 신경을 쓰지 않았죠. 그 결과 메두사호는 다른 배들과 멀리 떨어진 상태에서 좌초하는데요. 이는 비극의 끝이 아니라 시작이었습니다.

차츰 가라앉는 배에서 탈출할 수밖에 없었지만, 구명보트의 수가 모자랐던 탓에 배의 나무를 뜯어내 뗏목을 만들고 탈출하기 시작했는데요. 구명보트에는 선장을 비롯한 귀족들이 타고 평범한 사람들은 뗏목에 탈 수밖에 없었죠. 선장은 뗏목을 구명보트에 연결해서 안전하게 갈 테니 걱정하지 말라고 사람들을 안심시켜 뗏목에 태웁니다. 그렇게 해서 폭 7미터,

길이 20미터가량인 뗏목에 탄 사람들이 무려 147명이나 되었습니다. 그런데 막상 파도가 높아지자 뗏목을 끌던 구명보트마저 위태위태해졌죠. 결국 누군가 뗏목과 구명보트를 연결한 끈을 끊어버렸고, 뗏목은 망망한 바다 위를 표류하기 시작했습니다. 그렇게 뗏목은 100킬로미터 정도를 떠내려갔고, 뗏목에 먹을 것이라고는 과자 조금과 포도주 몇 병이 전부였습니다. 그런 상태로 뗏목은 13일을 바다에서 표류하는데요. 그 13일 동안 어떤 일들이 일어났을까요?

첫날 밤에 뗏목 가장자리에 있던 몇몇 사람들이 파도에 휩쓸려 떠내려갑니다. 그 광경을 본 사람들은 어떻게든 뗏목의 가운데로 옮기려고 난리를 쳤죠. 무질서가 시작되자 사람들 사이에 섞여 있던 군인들이 총을 사용하기 시작했습니다. 사람들은 가만히 있었겠습니까? 그렇게 서로서로 공격하는 극한의 상황이 벌여집니다. 둘째 날 밤이 지나자 죽은 사람이 60여 명에 이릅니다. 그런 지옥 같은 상황 속에서 먹을 것이 없자 사람들은 시신을 먹는 끔찍한 일을 벌입니다. 13일 동안 표류한 후에 마침내 함께 세네갈로 출발했던 아르구스호가 뗏목을 발견해 사람들을 구조했습니다. 그때 살아남은 사람은 겨우 15명이었죠.

나중에 이 일이 알려지자 테오도르 제리코가 그 끔찍한 상황을 그림으로 그려냅니다. 그것이 유명한 〈메두사호의 뗏목〉(1819)입니다. 이 고통스러운 이야기는 오만가지 생각이 들게 합니다. 세월호 사건이 그랬듯 무능한 선장이 공동체를 얼마나 위험하게 만들 수 있는지, 또 자기만 살겠다는 이기심이 상황을 얼마나 더 악화시켰는지 등인데요. 그중에서 생각해볼 일은 무질서가 얼마나 위험한지 입니다. 이기심이 충만한 상황에서 무질서는 상상하기 어려운 폭력을 유발할 수 있습니다. 강자는 자신의 이익을 챙기려 하고, 약자들은 서로 뭉쳐서 그런 강자를 제거하고자 할 테죠. 결국에 모두가 돌이킬 수 없는 상황으로 치닫는 것입니다.

만약 뗏목에 있던 사람들이 어떻게든 사태를 수습하기 위해 힘을 모았다면 어땠을까요? 불가피한 피해는 어쩔 수 없었겠지만, 그렇게까지 파국에 이르지는 않았을 것입니다. 공동체 구성원들이 스스로 통제하지 못하고 나아가 공동체를 자율적으로 통제하지 못할 경우, 메두사호의 비극은 언제든 다시 일어날 수 있습니다.

리바이어던과 국가의 탄생, 이 강력한 힘을 어떻게 통제할 것인가?

토머스 홉스(Thomas Hobbes, 1588~1679)는 무질서한 상황이 초

래하는 위험을 잘 알았던 사람입니다. 그 자신이 정치적 혼란으로 인한 폭력과 전쟁의 상황에서 성장했기 때문인데요. 홉스는 이런 혼란을 종식하기 위해서는 국가가 강력한 힘을 가져야 한다고 믿었습니다. 그는 이런 생각을 다듬어 《리바이어던》이라는 책으로 만들어냅니다. 리바이어던은 구약 성경에 나오는 거대한 바다 괴물인데요. 홉스는 국가라는 강력한 힘을 리바이어던이라고 묘사합니다. 《리바이어던》은 국가의 탄생을 다루는데요. 당시 국가의 주인이 누구인지를 두고 논란이 있던 시절이었던 만큼, 홉스의 이 책은 근대 정치학의 시작이기도 합니다.

홉스에 따르면 국가가 없는 자연 상태는 일종의 전쟁터와 같습니다. 모든 자연인은 자신의 이익을 위해 행동하고, 그 과정에서 분쟁이 계속되는데, 홉스는 이를 '만인 대 만인의 투쟁 상태'라고 합니다. 메두사호에서 밤을 지새워야 했던 사람들이 바로 이런 상황이었겠죠. 그 누구도 마음 편하게 발 뻗고 잘 수 없는 상황 말입니다.

이런 혼란에서 벗어나는 방법은 자연인이 모여 계약을 맺는 것입니다. 그 계약의 핵심은 제3의 권력에 통치를 맡기는 것이죠. 이렇게 계약을 통해 등장한 권력이 바로 리바이어던이자 국가입니다. 국가가 자연인들을 통치하기 위해서는 자연인들이 자신들에게 주어진 천부의 자유권 일부를 내놓아야 합니다. 국가의 명령에 복종하기로 하는 것이죠. 이렇게 계약하고 나면 국가는 이를 성실히 수행하기 위해 사람들을 보호하고, 사람들 간의 분쟁을 해결해야 합니다. 홉스는 국가란 바로 이런 과정을 통해 생겨난 것이라고 주장하는데요. 따라서 국가는 강력한 힘을 토대로 사회의 안정과 질서를 유지해야 한다고 말합니다.

홉스의 주장은 메두사호의 이야기를 생각하면 정말 그럴듯합니다. 무질서가 초래하는 위험한 세상에 사는 것보다는 훨씬 더 안전할 테니까요. 앞서 이야기했던 프랑스대혁명이 실패한 중요한 원인 역시 일종의 무질서였으므로 더더욱 그렇습니다. 독일의 문호 괴테 역시 설령 정의롭지 못한 힘이라 해도 그것이 무질서보다는 낫다고 말할 정도였으니까요. 그런데 그 국가가 시민에게 폭력을 저지르면 어떻게 될까요? 국가 권력이라는 무시무시한 힘은 한 개인으로서는 도저히 어떻게 할 수 없는 거대한 괴물, 리바이어던과 같습니다. 그런 리바이어던이 개인을 억압한다면 당해낼 재간이 없죠. 이는 개구리들의 나라에 찾아온 학과 같을 것입니다.

홉스가 국가에 강력한 권력을 주어야 한다고 말했던 것에 반해, 로크는 국가의 권력은 제약되어야 한다고 말했습니다. 무시무시한 독재의 위험을 방치할 수 없다고 본 것이죠. 앞서 소유권에 관한 이야기를 하면서 로크의 시민저항권을 이야기했는데, 시민저항권은 바로 이런 맥락에서 나온 것입니다. 로크는 홉스와 달리 국가의 권력을 한 곳에 집중시키면, 위험한 독재가 나올 수 있으니 권력을 나누고 각각의 권력 기관이 서로를 견제하도록 해야 한다고 주장합니다. 국가가 강력한 권력으로 시민을 억압하면 이는 분명 계약 위반이며, 그런 한에서 시민은 저항할 권리를 가진다는 말입니다. 같은 맥락에서 로크는 국가에게 과도한 권력을 부여해서는 안 된다고 하는데요. 오늘날 행정부, 입법부, 사법부가 서로 독립적인 권력을 갖고 서로를 견제하는 제도가 바로 그것입니다.

물론 홉스는 이런 세 권력이 분쟁 상태에 처하면 어떻게 되겠냐고 물을 것입니다. 인류의 역사는 홉스의 이야기에도, 또 로크의 이야기에도 다 근거와 설득력이 있다고 증언합니다. 한국도 예외는 아니죠. 일제로부터 해방된 후 권력의 공백 상태로 인한 무질서가 테러나 암살과 같은 폭력사태를 불렀고, 이를 해결하기 위해 독재 권력을 허용하는 바람에 거대한 국가 폭력에 희생된 사람이 많습니다. 아직도 우리는 그 균형을 찾아가는 중입니다. 다만 제우스의 말처럼, 우리가 뭔가를 선택한다면 그 대가 역시 우리 몫입니다.

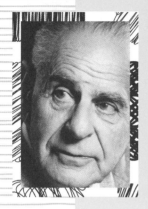

철학 수업

열린사회의 적

칼 포퍼
Karl Popper, 1902~1994

• 민주주의 제도에 부정적이던 플라톤

우리가 살펴본 여러 이야기에서 자주 등장한 플라톤은 민주주의 제도에 대해 매우 부정적이었습니다. 무엇보다 그의 스승이었던 소크라테스가 바로 그 제도의 희생양이었기 때문이죠. 민주주의적으로 운영된 재판에서 소크라테스는 무지한 시민들에 의해 유죄 선고를 받고, 독배를 마셔야 했습니다. 앞서 메두사호의 비극 역시 쇼마레라는 무능하고 부도덕한 사람이 선장이 되었기 때문이었죠. 만일 민주주의제도로 뽑힌 통치자가 그런 사람이라면, 한 나라가 메두사호처럼 침몰할 수도 있습니다. 그래서 플라톤은 통치자는 진리를 볼 수 있는 훌륭한 사람이어야 하며, 그의 올바른 인도 아래서만 나라가 제대로 굴러 갈 수 있다고 봤습니다.

• 열린사회의 적

과학철학자이자 사회철학자였던 칼 포퍼는 플라톤을 '열린사회의 적'이라고 비판합니다. 그때 열린사회는 물론 민주주의 사회를 가리킵니다. 포퍼가 보기에 플라톤의 현명한 통치자는 독재와 다르지 않습니다. 그 역시 인간인 한 오류를 저지르지 않을 수 없죠. 그런데 그에게 절대 권력을 준다면 그것만큼 위험한 일도 없다고 본 것입니다. 물론 플라톤 역시 그런 위험 때문에 통치자가 될 사람은 개인 재산도 가져서는 안 된다고 합니다. 탐욕이 생길 수 있기 때문이죠.

하지만 포퍼는 그렇다고 하더라도 사정이 달라지지 않는다고 봤습니다. 무엇보다도 우리가 사는 이 사회의 주권은 시민 각자에게 있다는 사실을 중요하게 생각한 것입니다. 포퍼는 비록 우리가 이따금 실수할 수 있지만, 모든 사람이 지혜를 모으면 조금씩이나마 사회가 발전해간다고 믿었습니다. 우리 스스로를 교정하고 수정할 기회가 없는 닫힌 사회를 결코 좋은 사회라고 말할 수는 없다는 것입니다.

24

착한 사람들의 세상

시골 쥐와 도시 쥐

화려한 도시에 사는 쥐가 시골에 사는 친척 쥐를 방문했습니다. 시골 쥐는 도시 쥐에게 밀 줄기와 뿌리 그리고 도토리를 식사로 대접하고 마실 것으로 시원한 물을 내왔습니다. 도시 쥐는 음식을 아주 조금만 먹었습니다. 이것저것 조금씩만 맛보는 정도였는데요. 그냥 예의상 먹어주는 것이 틀림없었습니다.

식사가 끝나고 나서 둘은 오랜 시간 이야기를 나눴습니다. 아니 정확히 말하면 도시 쥐가 시골 쥐에게 자기 생활을 이야기하고, 시골 쥐는 들었죠. 오랜 시간 이야기를 하고 나서 두 쥐는 안전한 울타리가 쳐진 편안한 집에서 아침까지 조용하게 잘 잤습니다. 시골 쥐는 도시 쥐가 말해준 도시에서의 화려한 생활에 관한 꿈을 꿨습니다. 다음 날 도시 쥐는 시골 쥐를 자기 집으로 초대했고, 시골 쥐는 기쁜 마음으로 응했습니다.

드디어 도시 쥐가 사는 도시의 화려한 집에 도착했을 때, 그들은 식당의 식탁에 남겨진 맛있는 음식들을 봤습니다. 당밀과 젤리, 페이스트리, 맛있는 치즈 등 쥐가 상상할 수 있는 온갖 맛있는 음식들이었죠. 시골 쥐가 막 페이스트리를 한 입 깨물어 먹으려는 순간, 문밖에서 고양이 울음소리와 고양이가 발톱으로 문을 긁는 소리가 들려왔습니다. 쥐들은 깜짝 놀라 얼른 안전한 곳으로 몸을 피신하고는 한참 동안을 숨죽여 기다렸습니다. 마침내 다시 식사를 시작할 수 있을 것 같았습니다. 하지만 이번에는 문이 벌컥 열리면서 사람이 들어와서는 식탁을 치우기 시작했고, 그 뒤로 집을 지키는 개가 따라 들어왔습니다.

시골 쥐는 한시라도 그 집에 머물고 싶은 생각이 없어져 바로 가방을 둘러메고 양산을 집어 들고는 서둘러 길을 떠나며 이렇게 말했습니다.

"네 삶은 화려하고 내가 먹지 못하는 맛있는 것들을 먹을 수 있구나. 하지만 나는 평범한 음식이라도 마음 편하고 안전하게 먹고살 수 있는 시골이 좋아."

〈리틀 포레스트〉, 도시에서 개인은 왜 행복할 수 없는가?

이 우화에서 이솝은 화려한 삶이라도 끝없는 불안을 대가로 삼는 것이라면, 그게 과연 행복이냐고 묻는 것 같습니다. 그런 삶은 결코 행복이 아니라는 이야기겠죠. 도시의 쥐가 보기에 시골 쥐는 소박하기 짝이 없는 삶을 삽니다. 자기가 먹는 음식들과 비교하면 맛도 없고 사는 것도 영 궁색하죠. 시골 쥐 역시 자신의 삶에 그렇게 만족스럽지는 않았던 모양입니다. 도시 쥐가 말한 화려한 생활을 꿈꿨을 정도니까요. 하지만 화려한 생활의 대가가 무엇인지를 알게 되자 생각을 바꿉니다.

텔레비전 프로그램 중에 〈나는 자연인이다〉가 있습니다. 사연이야 모두 제각각이지만 산속에서 혼자 유유자적하며 사는 사람들의 이야기가 나오는데요. 이 프로그램은 장년층 시청자들에게 특히 인기가 있습니다. 반면 젊은 층에서는 〈리틀 포레스트〉라는 영화가 주목을 받았죠. 이 영화는 도시의 치열한 경쟁에 지친 주인공이 시골 고향 집에서 다시 행복을 발견하는 내용입니다. 비록 소박하지만, 그 안에서 행복을 찾는 삶이 중요한 트렌드로 자리 잡은 것은 우리 삶이 그만큼 각박해졌다는 사실을 단적으로 보여주는 것입니다. 그리고 도시는 각박한 삶의 상징입니다.

도시는 낯선 사람들이 모여 사는 곳이죠. 이웃에 누가 사는지도 모르는 삶이 도시의 삶입니다. 어쩌다 여행지에서 느끼는 낯선 묘한 기대와 흥분을 불러일으키지만, 일상의 낯섦은 긴장감을 유발합니다. 게다가 도시의 어두운 뒷골목에서 일어나는 흉흉한 사건들 소식은 우리를 더욱 긴장하게 만드는데요. 이런 상황에 예민한 사람이라면 밖에 나다니는 일 자체가 스트레스일 수 있습니다.

한때 일본에서는 히키코모리라는 말이 커다란 사회적 문제로 떠오른 적이 있습니다. 한국에서는 '은둔형 외톨이'라는 말로 사회생활을 거부한 채 방에서만 있는 사람을 가리킵니다. 앞서 벤담이 설계한 파놉티콘 감옥 이야기를 하면서 특정 구조의 공간이 사람들의 마음과 정신에 어떤 영향을 미치는지를 살펴봤습니다. 어쩌면 오늘날 우리가 사는 도시 역시 그런 곳인지도 모릅니다.

지그문트 바우만(Zygmunt Bauman, 1925~2017)은 이런 도시적 삶의 구조적 특성을 현대인의 불안증에 연결해 분석했습니다. 현대인들은 불안해합니다. 치열한 생존경쟁에서 떠밀려 실패할까 두려워합니다. 도시 곳곳에 숨겨진 위험들은 그런 불안감을 키우죠. 도시의 공간들은 아주 모순적인 성격을 가진 구획들이 공존하는 곳입니다. 도시에는 한껏 화려함을 자랑하는 곳이 있는가 하면, 사회적으로 낙오한 사람들이 모여 사는 곳도 있습니다. 부자들이 사는 고급 주택가가 있는가 하면, 쪽방촌도 존재하죠. 누구나 가고 싶어 하는 레스토랑이 있는 골목길 뒤편에는 컵라면으로 끼니를 때워야 하는 사람도 있습니다. 바우만은 이런 도시적 공간이 사람들에게 안전한 곳과 불안한 곳이라는 구획을 짓게 만든다고 합니다. 자신이 마음 놓고 쉴 수 있는 집만이 안전하며, 그 바깥은 언제나 위험이 도사리고 있는 공간들이라고 말입니다.

이런 구획은 우리가 만나는 사람들마저 나누게 만듭니다. 내가 안전하게 의지할 수 있는 사람과 늘 의심의 눈초리로 봐야 하는 사람으로 나눕니다. 낯선 사람이라면 당연히 의심을 먼저 하겠죠. 도시는 타인을 경계하게 만드는 공간입니다. 이런 공간에서 살다 보면 게다가 냉정한 경쟁의 세상에서 탈진한 사람이라면, 마음 편한 곳을 그리워하기 마련입니다. 영화 〈리틀 포레스트〉는 바로 그런 마음의 반영일 것입니다. 시골 쥐가 화려한 도시 쥐의 생활을 거부하고 소박한 자신의 일상으로 되돌아가기로 결심한 것은 불안한 삶으로는 우리가 원하는 행복을 누릴 수 없다고 믿었기 때문입니다.

포스트모던과 불안, 그리고 연대

바우만은 이런 도시적 불안감이 현대 사회의 구조적 특성에서 온 것이라고 분석합니다. 우리가 흔히 포스트모던이라고 부르기도 하는 현대 사회는 개인의 자유를 무엇보다 강조합니다. 자유는 그 원래 의미가 그렇듯, 어떤 속박이나 구속에서 벗어나는 것이죠. 이런 해방은 단순히 과거 신분제 사회나 혹은 권위적인 인습으로부터 자유로워지는 것만을 의미하지 않습니다. 우리를 옥죄는 구속에서 해방되어 자유로워지는 과정에서 사회적 관계들로부터도 멀어지기 때문입니다.

간단히 말해 개인은 고립되고 외로워지기 쉬워집니다. 누군가는 디지털 기술이 제공한 SNS가 그런 고립감에서 우리를 구원해줄 수 있다고도 말하겠죠. 하지만 최근 SNS로 인해 생기는 인간관계의 피곤에서 벗어나고자 하는 사람들이 늘어나는 것을 보면 꼭 그런 것 같지도 않습니다. 오히려 우리는 모종의 선택 상황으로 내몰린 것처럼 보입니다. 많은 심리적 비용을 치르고 사람들과 어울리며 살든지, 아니면 고독하고 외롭지만 자유로운 삶을 살든지 말이죠.

포스트모던은 '모던'이라고 불렸던 '근대 사회'의 획일성을 거부한 문화적 운동입니다. 앞서 푸코가 지적했듯이 벤담의 파놉티콘은 설령 그 의도가 아무리 좋았다 하더라도 결과적으로는 사람들의 생각을 획일화하는 공간입니다. 그것은 아주 은밀한 방식으로 사람들의 생각과 취향을 규격화합니다. 근대 사회를 상징하는 공장 시스템을 생각해봅시다. 컨베이어 벨트를 통해 쏟아져 나오는 상품들은 철저하게 규격화된 것들입니다. 표준이 있고, 거기서 벗어나면 불량품이 되는데요. 사람도 마찬가지입니다. 시대가 당연하게 여기는 생각이 있고, 거기서 벗어난 생각을 하면 이상한 사람이 됩니다. 푸코를 비롯한 포스트모더니스트들은 이런 규격화된 생각을 폭력이라고 봅니다.

이는 우리 사회에 만연한 삶의 양식을 다시 생각해보게 합니다. 한편으로 우리는 포스트모던의 다문화 시대를 살아가는 시민으로서 개인의 자유가 존중되어야 한다고 말합니다. 그럼에도 우리 사회에는 어떻게 살아야 좋은 삶인지에 대한 규격화된 생각이 있습니다. 어느 정도 수준의 대학을 나오고, 직장에서 연봉은 어느 정도여야 하며, 휴가는 어디쯤으로 가야 하는지 등등에 대한 암묵적인 표준이 있고, 이 표준에서 벗어나면 마치 사회적으로 낙오한 사람인 양 생각하게 만드는 분위기가 그렇습니다. 이는 한 개인이 가진 생각이나 취향의 자유를 억압하는 것들입니다. 왜 이런 모순적인 태도들이 공존하는 것일까요? 불안하기 때문입니다. 불안하기 때문에 오히려 같아지려고 하는 것이죠. 그래야 낙오된 느낌을 받지 않으니까요. 이런 불안감은 물론 고립감에서 온 것입니다.

1960년대 이후 서양 사회에서 다문화주의가 확산되면서 포스트모던적 사고방식 역시 광범위하게 퍼졌습니다. 서로 다른 생각과 다른 취향을 가진 사람들이 함께 모여 살면 자연스럽게 개인의 자유가 무엇보다 중요해집니다. 그런데 개인의 자유가 중시되면서 그 대가로 사회적 구성원으로서의 연대감은 약해집니다. 자신의 자유를 누리기 위해 그 대가로 고독함을 지불하기 시작한 것이죠. 바우만이 걱정한 상황도 바로 이것이었습니다. 테러나 재난, 또 경제 위기와 같은 사회적 위험은 날로 커지는데, 개인들은 고립되어 있다는 것이 문제라는 것입니다.

그렇다 해서 이런저런 이유로 우리 삶을 속박했던 과거로 되돌아갈 수는 없죠. 하나의 딜레마적 상황, 마치 가족과도 같은 사람들의 끈끈한 연대감 속에서 안정감을 느끼지만 그 대가로 자신의 자유를 지불해야 하는 상황이든, 아니면 자신만의 자유를 누리되 고독하고 불안한 상황이든, 그 어느 쪽도 만만해 보이지 않습니다. 그래서 바우만은 개개의 음들이 자기만의 색깔을 갖고 있지만, 그런 음들이 모여 조화를 이루는 협주곡이 바로 우리 사회가 지향해야 하는 삶의 공간이라고 말합니다. 그렇게 조화를 이루기 위해서는 물론 서로 다른 음들이 조화롭게 연대하는 것이 무엇보다 중요합니다.

도덕적 인간과
비도덕적 사회

사회의 비도덕성을 말한 것은 절망이
아니라 희망을 말하기 위해서이다.

신학자이자 정치사상가이기도 했던 라인홀드 니부어
(Reinhold Niebuhr, 1892~1971)는 《도덕적 인간과 비도덕적 사회》
에서 한 개인으로서의 인간은 도덕적이지만, 인간 집단은 그렇
지 못하다고 말합니다. 개인은 자신의 행위를 반성하고 성찰하
며 다른 사람의 이익을 존중할 수 있지만, 집단은 그러기 어렵습
니다.

어떤 집단의 대표가 되었다고 생각해봅시다. 자신이 속한 집
단과 이해관계가 충돌하는 다른 집단과 갈등이 생겼습니다. 개
인으로서는 상대에게 양보할 마음이 충분히 있습니다. 또 상
대를 적대적으로 생각하지도 않습니다. 그런데 한 집단의 대표

인 한 자기 생각만 고집할 수는 없죠. 오히려 자기 집단의 다른 사람들을 대변해야 합니다. 그래서 어쩔 수 없이 상대 집단에 냉정하게 대할 수밖에 없습니다. 이는 그 집단에 속한 누구라도 마찬가지입니다. 그래서 니부어의 말처럼, 집단은 충동을 억제하는 이성도 또 자기 극복의 방법도 없는 비도덕적인 존재일지도 모릅니다.

니부어는 역사가 발전해간다는 소박한 낙관주의는 철저히 경계해야 한다고 말합니다. 도리어 사회의 비도덕성을 받아들여야 한다고 주장하는데요. 그가 사회의 비도덕성을 말하는 이유는 그러니 우리는 어쩔 수 없다는 말을 하려는 것이 아니었습니다. 우리가 사회가 비도덕적이라는 사실을 제대로 이해해야 사회를 혁신할 수 있다고 본 것입니다. 니부어가 사회의 비도덕성을 말한 것은 절망이 아니라 희망을 말하기 위해서였습니다. 도덕적인 인간이 결국에는 비도덕적인 사회를 도덕적인 사회로 바꿀 힘을 가졌다고 말이죠.

집단을 위한
개인의 희생

고양이 목에 방울 달기

쥐들이 모여 회의를 했습니다. 무서운 고양이로부터 자유로워질 방법을 궁리하기 위한 모임이었는데요. 최소한 고양이가 나타날 때라도 미리 알았으면 좋겠다는 생각에 이르렀습니다. 그러면 빨리 도망칠 수 있으니까요. 실제로 뭔가를 하긴 해야 했습니다. 고양이의 무서운 발톱이 두려워 늘 불안했고, 밤이고 낮이고 집 밖으로 마음 편히 나갈 수가 없었거든요.

여러 방안이 나왔지만, 어느 하나 뾰족한 것이 없었습니다. 그때 어린 쥐가 일어나 말했습니다.

"저한테 좋은 생각이 있어요. 틀림없이 성공적일 거예요. 고양이 목에 방울을 다는 건데요. 그러면 고양이가 다가올 때 방울 소리를 들을 수 있을 테니 적이 가까이 오는 걸 알 수 있잖아요."

다른 쥐들은 이렇게 좋은 방법을 생각하지 못했는지 깜짝 놀라며 반가워했습니다. 그렇게 모두가 기뻐하는 중에 늙은 쥐가 일어나 말했습니다.

"어린 쥐의 생각이야 정말 훌륭하구나. 그런데 도대체 누가 고양이 목에 방울을 달겠느냐?"

딜레마는 이러지도 저러지도 못하는 상황을 가리킵니다. 아주 영리한 당나귀가 있었습니다. 어느 날 당나귀는 자신의 삶에 확고한 원칙을 가지고 살기로 결심합니다. 예를 들어 이런 것입니다. 먹을 것이 여러 개일 때, 상태가 제일 좋은 것을 먼저 먹기! 어느 날 당나귀 앞에 아주 먹음직스러운 풀 더미 두 개가 보입니다. 당나귀는 자신의 원칙을 고려해 풀 더미 중 어느 것을 먼저 먹을지 결정하기 위해 조심스럽게 관찰합니다. 그런데 두 더미 중 어느 것이 더 좋은지 구별하기가 어렵습니다. 당나귀는 원칙을 무너뜨리고 싶지도 않고, 배도 고픕니다. 당나귀는 어떻게 해야 할까요? 이런 상황이 곧 딜레마입니다.

알렉산더대왕이 정복자의 길을 떠나 지금의 터키 땅인 아나톨리아 지방의 고르디움이라는 도시에 이르렀을 때였습니다. 프리기아 왕국의 수도였던 그 도시에는 전해오는 전설이 있었는데요. 오래전 프리기아 왕국이 이런저런 난리로 고통스러웠는데, 그런 혼란을 극복하기 위해 제사장이 신탁을 구합니다. 신탁은 모월 모일 이륜마차를 타고 시내의 광장에 들어서는 사람이 왕이 되면 나라가 안정될 것이라는 내용이었죠. 사람들은 신탁을 믿었고 운명의 그날 광장을 주목했습니다. 그때 한 농부가 말이 끄는 짐수레를 끌고 광장 안으로 들어섰는데요. 그 농부가 바로 고르디우스였습니다. 이 고르디우스의 아들이 바로 우리가 잘 아는 미다스인데요. 만지는 것마다 황금으로 변해 자신의 딸마저도 황금으로 변하게 만들어 자신의 탐욕을 후회한 그 미다스 왕 말입니다.

어쨌든 고르디우스는 신탁처럼 나라를 안정시켰습니다. 위대한 영웅도 아니었던 그가 왕이 된 것은 참으로 기이한 일입니다. 고르디우스는 왕이 된 기념으로 자신이 끌고 왔던 마차에 아주 견고한 매듭 하나를 묶으면서 이렇게 말했다고 합니다. "이 매듭을 푸는 자가 아시아의 왕이 될 것이다!" 하지만 오랜 세월이 지나도록 그 매듭을 풀 수 있는 사람은 나오지 않았죠. 희한하게도 그 매듭의 끄트머리를 찾을 수 없었기 때문입니다. 그렇게 전설은 사람들 사이에 전해졌고, 알렉산더에게까지 이르게 됩니다.

알렉산더가 그 마차에 갔을 때, 사람들은 여전히 매듭을 풀기 위해 애를 쓰고 있었습니다. 사람들이 알렉산더에게 "폐하, 이 매듭을 푸실 수 있겠습니까?"라고 물었고, 알렉산더는 말없이 매듭을 쳐다보다가 허리춤에 있던 칼을 꺼내 단칼에 매듭을 잘라 풀어버리고는 돌아갔다고 합니다. 이것이 너무 복잡한 문제여서 해결이 어려울 때 단순하게 생각하라는 교훈을 주는 '고르디우스의 매듭'이라는 이야기입니다.

어떤 것이 더 좋은 먹이인지 모르는 당나귀는 굶어 죽어야 할까요? 자신의 원칙을 깨트리고 싶지 않아서 굶어 죽는다면 그것만큼 어리석은 일도 없겠죠. 사실 도저히 판단하지 못한 정도로 똑같이 좋은 먹이라면 아무거나 먼저 먹으면 됩니다. 만약 굶어 죽을 정도의 상황이 아니라고 아무리 미세한 차이라도 더 좋은 먹이를 먹는 원칙을 깨트리지 않아야 한다면, 기다리면 됩니다. 당장에는 어느 것이 더 좋은지 구별하기 어렵지만, 며칠 지나면 더 안 좋은 먹이가 먼저 상할 테니까요. 물론 마냥 기다리기만 해서는 안 되겠죠. 때를 놓쳐 아예 먹을 수 없는 상태가 되어버리면, 그것보다 더 큰 손해는 없을 것입니다.

공리주의의 함정, 행복의 양과 질을 계산하기는 쉽지 않다

우리가 어떤 행동을 하기 전에 신중하게 생각하려는 것은 여러 선택지 가운데 어느 것이 더 좋은 결과를 가져올지를 판단하기 위해서입니다. 만약 길이 하나밖에 없다면, 그 길을 가는 수밖에 없습니다. 그런데 다른 선택지가 있다면 고민하지 않을 수 없습니다. 잘못 선택하면 큰 손해를 입을 수도 있으니까요. 고민한다는 것은 선택의 가짓수를 줄여가는 일입니다. 이때 선택의 가짓수를 줄이도록 하는 판단의 기준은 무엇일까요? 물론 그런 선택이 빚어낼 결과가 좋으냐 나쁘냐일 것입니다.

공리주의는 우리의 행위를 그 효용성을 토대로 판단해야 한다고 말합니다. 우리에게 더 큰 효용성을 주는 행위를 하는 것이 더 좋은 선택이라는 것이죠. 그래서 벤담은 '최대 다수의 최대 행복'이라고 말하기도 했습니다. 아리스토텔레스의 주장처럼 우리 삶의 목적은 결국에는 행복입니다. 공리주의자들 역시 마찬가지였습니다. 이는 일상의 행동만이 아니라 도덕적이고 윤리적인 행위도 마찬가지입니다. 벤담이 최대 다수의 최대 행복을 말한 것은 사회 전체 행복의 양을 늘리는 행동이 올바른 행동이라고 여겼기 때문입니다.

이솝 우화에서 쥐들의 사례를 볼까요? 모든 쥐가 고통 받는 상황입니다. 누군가 나서서 비록 고양이에게 희생을 당하겠지만 고양이 목에 방울을 달 수 있다면, 다른 쥐들의 행복이 늘어날 것입니다. 따라서 공리주의에 따르면 고양이 목에 방울을 다는 쥐의 행동은 올바른 행동입니다. 그런데 이렇게 이야기하면 단박에 늙은 쥐의 반론, 도대체 어떤 쥐가 방울을 다는 위험을 감수할 것인가를 묻게 되죠. 모든 쥐는 당연히 자기 생명의 소중함을 알고 있을 테니, 누군가 기꺼이 나서서 영웅적 희생을 하지 않는다면 이 문제는 결국 해결할 수 없습니다. 그런데 이때 누군가 이렇게 말했다고 해보죠. "그럼, 제비뽑기를 해서 걸린 쥐가 고양이에게 방울을 달도록 합시다!"

이렇게 제비뽑기를 해서 운 없는 쥐를 선정했을 때, 이 공동체의 선택은 도덕적일까요? 공리주의의 입장에서 보면, 사회 전체 행복의 양을 늘리는 결정이었으므로 도덕적이라고 말해야 할 것 같습니다. 비록 제비뽑기에 걸린 쥐로서는 불행한 일이지만, 다른 쥐들이 좀 더 안락하게 살 수 있다는 점에서 공동체 전체에서 증가하는 행복의 양이 그 불행한 쥐의 불행의 양을 상쇄하고도 남을 테니까요. 만약 우리가 이렇게 어떤 행위의 효용성을 잘 계산할 수 있다면, 선택은 상대적으로 쉬워집니다. 그런데 행복의 양을 늘리라는 원칙이 그렇게 선명하지는 않습니다. 맛있는 음식을 먹을 때의 행복과 좋아하는 영화를 볼 때의 행복감 중에 어느 것이 더 많은 행복을 주는지, 나아가 어느 것이 더 사회 전체 행복의 양을 늘리는 일인지 가늠하기가 쉽지 않잖아요. 배부른 돼지보다는 배고픈 소크라테스를 선택할 것이라고 말한 밀은 그 사실을 잘 알고 있었습니다.

식당을 방문했을 때, 또 영화를 보거나 책을 읽었을 때, 우리는 종종 별점을 매깁니다. 좋다 혹은 만족스럽다는 말이 가진 모호함 때문에 측정이 쉽도록 정량화하는 것이죠. 그런데 어떤 식당의 별점이 5점 만점에 4.5점으로 꽤 높은 편인데, 그 식당 위에 있는 영화관의 시설은 3점밖에는 안 된다고 해봅시다. 그래서 누군가 4.5점이 3점보다 높으므로 식당이 영화관보다 낫다고 말한다면, 이는 뭔가 잘못된 판단이라고 할 것입니다. 비교의 기준이 다르니까요. 그래서 공리주의의 여러 입장 중에는 '선호 공리주의(preference utilitarianism)'도 있습니다. 우리가 쾌락이나 행복의 양을 정량적으로 계산하기는 어렵지만, 어느 것이 다른 것보다 더 좋다는 우선순위는 알 수 있다는 것입니다. 식당과 영화 중 어느 것을 선택할지는 영화를 더 좋아하는지, 식당을 더 좋아하는지 그 우선순위에 따라서 결정됩니다.

공리주의 이론은 우리가 합리적인 선택을 할 때 어떤 기준에 의지해야 하는지에 대해 좋은 기준을 제공합니다. 비록 조금씩 이렇게 저렇게 수정되었지만 오늘날 많은 사람이 공리주의적 관점에서 행동을 선택하고, 또 윤리적인 행위나 도덕적 행위도 마찬가지 방식으로 평가하곤 하죠. 그런데 이렇게 물어봅시다. 누군가 사회 전체 행복의 양을 늘리기 위해 살인을 저지른다면, 과연 도덕적으로 올바른 일일까요?

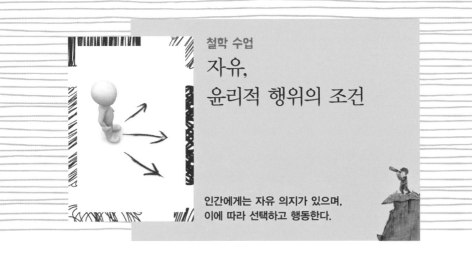

철학 수업

자유,
윤리적 행위의 조건

인간에게는 자유 의지가 있으며,
이에 따라 선택하고 행동한다.

칸트는 인간이 두 왕국에 각각 한쪽 발을 걸치고 있는 존재라고 말합니다. 한쪽은 필연의 왕국이고, 다른 한쪽은 자유의 왕국입니다. 우리의 몸이 물질적 존재로서 필연의 왕국에 속해 있다면, 마음과 정신은 자유의 왕국에 속해 있는 것입니다. 이 자유의 왕국이 우리가 흔히 말하는 윤리적이고 도덕적인 행위의 영역입니다. 물질의 세계인 필연의 왕국에서는 윤리적인 행위라고 할 것이 없습니다. 나무에 매달려 있던 사과가 중력의 힘을 받아 떨어질 때, 이를 도덕적이고 윤리적인 행위라고 하지는 않잖아요. 그저 물리 법칙에 따라 이루어지는 행위일 뿐입니다.

반면 인간의 행위는 그렇지 않습니다. 인간에게는 자유 의지가 있으며 이에 따라 선택하고 행동합니다. 자신의 자유로운 의지에 따라 뭔가를 선택하고 행동했다는 것은 거꾸로 말해서 꼭 그렇게 하지 않을 수도 있었다는 것을 의미합니다.

쥐들의 회의에서 누가 고양이 목에 방울을 달겠냐는 늙은 쥐의 물음에 어떤 쥐가 일어나 자신이 하겠다고 나섰을 때, 그 쥐는 그런 선택을 하지 않을 수도 있지만 자기의 자유로운 의지에 따라 희생을 자처한 것입니다. 그 쥐가 공리주의자인지 혹은 칸트의 윤리학에 정통한 쥐인지는 중요한 문제가 아니죠. 아마도 모든 쥐가 그런 희생적인 선택을 한 쥐에게 경의를 표할 것입니다.

누군가 타인을 위해 희생하고 그 희생이 위대할 수 있는 이유는 그런 희생을 선택할 수 있는 자유가 전제될 때입니다. 제비뽑기를 통해 특정 쥐에게 희생을 강요한다면 그 쥐에게 선택의 자유를 주지 않는 것이며, 그런 한에서 그 쥐의 행위나 나아가 공동체의 결정 그 어느 것도 윤리적이라고 말하기 어렵습니다. 설령 그 결과가 모두에게 이익을 준다고 하더라도 말입니다.

⑥

곤궁에 빠진 이를
탓해서는 안 된다

황소와 염소

언젠가 황소 한 마리가 사자를 피해 염소의 동굴로 피신한 적이 있었습니다. 그 동굴은 염소들이 날씨가 험할 때나 밤에 머무르는 곳이었습니다. 그곳에는 무리에서 떨어져 남겨진 염소 한 마리가 있었습니다. 염소는 황소가 들어오자 머리를 낮추고 달려들어 황소를 뿔로 받았습니다. 동굴 밖에는 아직 사자가 어슬렁거리고 있었으므로 황소는 염소가 주는 굴욕을 참을 수밖에 없었죠. 황소는 조용히 이렇게 말했습니다.

"내가 겁쟁이라서, 네 그 용감한 행위를 견딘다고 생각하지 말아라. 사자가 가고 나면 네가 무엇을 잊고 있었는지를 가르쳐주마!"

난민 문제를 둘러싼 논란,
우리가 진짜 싸워야 할 대상을 파악해야 한다

2018년 제주도에 들어온 예멘 난민이 큰 이슈였습니다. 그들은 삶의 터전을 잃고 떠도는 사람들이죠. 난민은 한국만의 문제는 아닙니다. 유럽의 여러 나라 역시 수많은 난민이 몰려 들어오면서 홍역을 앓습니다. 난민은 그 이름이 말하듯, 어려운 처지로 인해 갈 곳을 잃은 사람들입니다. 삶의 한계에 다다른 사람들이죠. 도와야 하는 것이 마땅합니다. 그러나 현실은 그리 간단하지 않습니다. 유럽 각국은 물론이고, 한국에서도 난민을 받아들이지 말아야 한다는 요구가 거셌죠. 자국 내의 사정도 복잡한 터에 난민을 배려하는 일은 쉽지 않기 때문입니다.

낯선 사람을 두려워하는 것은 자연스러운 일입니다. 난민과 관련된 가짜 뉴스가 쏟아지면서 두려움을 증폭시키기까지 합니다. 난민과 관련해 범죄와 연루된 사건 사고가 실제로 일어나기라도 하면, 그 두려움은 격렬한 반응으로 나타납니다. 일종의 혐오 현상이 나타나는 것이죠. 인종이나 문화, 또 종교에 대한 오해, 그로부터 시작된 혐오 현상은 인류 역사에서 가공할 폭력으로 이어진 경우가 많았습니다. 더욱이 혐오와 같은 사회적 질병은 일종의 전염병과 같이 퍼지기 마련입니다. 누군가를 혐오하기 시작하면, 혐오의 대상은 하얀 종이 위에 물감이 번지듯 확장되거든요.

난민을 혐오하는 것에서 내국인들을 혐오하고, 그렇게 또 누군가를 혐오하는 일들이 도미노처럼 번질 수 있습니다. 본질적으로 혐오는 개인적 분노를 해소하거나 사회적 불만을 감추기 위한 희생양을 찾는 일입니다. 게다가 누군가 사람들의 감정을 정치적으로 이용하기 시작하면, 그 파괴력은 걷잡을 수 없습니다. 마녀사냥의 광기가 지배하던 시절 미셸 드 몽테뉴가 '나는 무엇을 아는가?'라고 물었던 것은 인간이 정말 합리적이고 이성적인 존재인지를 의심할 정도의 일들을 벌어졌기 때문입니다.

염소와 황소가 분노해야 할 대상은 동굴의 좁은 공간에서 대치하고 있는 상대가 아니라 그런 상황을 만든 사자입니다. 염소와 황소의 싸움은 도리어 사자에게 아주 좋은 일이 될 것입니다. 가만히 앉아 있어도 결국에는 누군가 밖으로 나올 테니까요. 오늘날 전 세계를 떠도는 난민 중에서 난민이 되고 싶어서 된 사람은 아무도 없을 것입니다. 진짜 분노하고 두려워해야 하는 일이 무엇인지 이해한다면 서로 도리를 지켜 의지할 수 있고, 비극의 진짜 원인을 제거하는 일에도 서로 힘을 합칠 수 있습니다.

다수라는 이름의 폭력

오늘날의 사회를 다문화 사회라고 합니다. 이는 서로가 각자의 삶의 방식을 존중해야 한다는 약속이기도 합니다. 물론 그런 다름 가운데 서로 결이 맞지 않는 부분도 있습니다. 그저 개인의 취향 차이로 서로 결이 맞지 않는 부분도 있을 수 있고, 때로는 사회의 중요한 문제에 의견이 다를 수도 있습니다. 그래서 때로 갈등이 생길 수 있죠. 더욱이 그것이 사회적 인정 투쟁이 되거나 서로 간의 이익과 손해가 얽히면 갈등의 양상은 심각해집니다. 이를 보통 '사회적 비용'이라고 합니다.

우리 사회에서 사회적 갈등을 해결하는 절차는 민주주의입니다. 그런데 플라톤의 말처럼, 민주주의는 구조적 취약점을 갖고 있습니다. 특히 민주주의의 의사결정 절차가 다수결의 원리를 따르는 한 더더욱 그렇습니다. 단지 수가 많다는 이유로 다수의 의견을 진리 혹은 올바른 판단이라고 간주해버리는 조급함은 때때로 민주주의를 위기에 빠트릴 수 있기 때문입니다.

특정 개인이나 집단이 자신들의 이익을 위해 민주주의라는 제도를 이용하고자 한다면, 어떻게든 자신들의 의견을 다수의 의견인 것처럼 보이게 만들겠죠. 그들은 여론을 조작할 수도 있습니다. 그런데 만약 그들이 정말 다수라면 그 위험은 더 말할 것도 없습니다. 자신들의 이익에 부합하는 것은 진리가 되고 그렇지 않으면 거짓이 될 테니까요. 강자의 이익에 부합하는 것이 곧 진리라는 트라시마코스의 주장과 같습니다. 그들은 다수결이라는 민주주의 제도를 이용한 것으로 그 절차에 아무런 문제가 없으니 아무런 잘못도 없다고 말할 것입니다.

다수의 이익에 부합하지만 절대 옳지 않은 일이 있습니다. 51퍼센트의 사람들을 위해 49퍼센트가 희생되어야 한다면, 이는 옳은 결정일 리 없습니다. 우리는 모두 늘 합리적이고 이성적이고자 하지만 때로는 플라톤의 말처럼 감정적 욕망에 휘둘리기도 하고, 때로는 잘못된 근거에 따라 판단을 내리기도 합니다. 포퍼의 표현을 빌리자면, 우리는 늘 오류를 저지를 수 있는 사람들입니다. 우리가 민주주의 제도 아래서 다수결의 원리를 받아들이는 것은 그저 어떻게든 결정을 내려야 하기 때문만은 아닙니다. 그보다는 많은 수의 사람들이 협력하면 더 좋은 결정을 내릴 수 있다고 믿기 때문입니다. 또 그렇게 모인 사람 중에는 우리가 내리는 판단의 잘못이나 오류를 찾아내는 사람이 있을 것이라 기대해서입니다. 인간 지성의 힘은 스스로 잘못을 찾아내고 교정할 수 있다는 데 있습니다.

단 한 명의 의견이라도 무시해서는 안 되는 이유

존 스튜어트 밀(John Stuart Mill, 1806~1873)은 그의 《자유론》에서 단 한 명의 의견이라도 결코 무시해서는 안 된다고 주장합니다. 그 한 사람을 제외한 모든 사람이 잘못 판단할 수 있는 가능성이 있기 때문입니다. 사람들이 누군가의 의견을 단지 그가 소수라는 이유로 무시한다면, 이는 온 인류가 한 걸음 더 발전할 기회 자체를 날려버리는 일이라고 말합니다. 그래서 밀은 신체의 자유처럼 생각의 자유와 자기 생각을 표현할 자유는 신성하다고 말합니다.

현실에서는 다수가 소수를 억압하는 과정을 봅니다. 옳고 그름을 진지하게 따지기보다는 그저 어느 편이 수가 많은지에만 관심을 두는데요. 뉴스에서는 끊임없이 여론조사 결과를 알려줍니다. 여론조사는 더 많은 사람의 목소리를 듣고 어떤 선택이 더 좋은 선택인지를 고민하는 과정이 아닙니다. 그보다는 단지 어느 쪽이 수가 더 많은지를 알기 위해서죠. 사람들은 그런 조사를 보며 자신이 어느 쪽으로 움직여야 하는지를 생각합니다. 자기 생각이 아니라 다수의 생각을 따르려는 것이죠. 결국에는 그 다수가 승자가 된다고 믿기 때문입니다.

미국의 정치학자인 웬디 브라운(Wendy. Brown, 1955~)은 오늘날의 민주주의가 위기에 빠졌다고 경고합니다. 브라운은 위기의 원인이 오늘날 시장경제의 원리로 받아들여지는 '신자유주의'라고 하는데요. 신자유주의는 경쟁을 통해 최대한의 효율성을 끌어내야 한다는 경제 논리입니다. 여기서 경쟁은 이익과 연관됩니다. 브라운은 신자유주의가 시장과 경제를 지배하고 나아가 우리의 일상은 물론 정치적 의사결정에도 영향을 미친다고 봅니다. 실제로 우리는 '가성비'라는 경제 용어를 교육 문제에도, 또 사회적 문제에도 사용합니다. 모든 것을 경제적 판단 기준으로 가늠해보는 것이죠. 이런 관점에서 보면 어떤 의견을 두고 논쟁을 벌이는 일은 소모적이며 낭비가 됩니다. 빠른 의사결정은 비용을 절감하는 길이죠. 정치적인 문제도 마찬가지입니다. 소모적인 논쟁보다는 빨리 결정하는 것이 이익입니다.

이런 시장경제의 원리가 민주주의라는 시민의 의사결정 제도에 스며들면, 의사결정 자체가 경쟁의 과정이고 더 나아가 승자독식의 경쟁이 됩니다. 그리고 어차피 결정에 반영되지 않을 소수의 의견을 경청하는 일은 소모적인 시간 낭비죠. 결국에 사람들은 가능한 한 빨리 결정을 내리고 비용도 절감해야 하므로 다수가 되려고 애를 씁니다. 여론을 조작하는 부도덕한 행동을 하는 이유가 여기에 있습니다. 이것이 악순환의 과정에 접어들면 사회가 어떻게 될지 분명합니다. 신자유주의의 부작용이 사회에 극한의 경쟁을 불러일으킨 것처럼, 의견 간의 경쟁은 치열해지고 대립은 격화됩니다. 사회적 비용은 날로 늘어나고 결국에는 무질서를 체험하게 될 수도 있습니다. 상황이 그렇게까지 되면 개구리들이 왕을 바랐던 것처럼, 누군가는 우리 사회의 미래를 우리 스스로가 아니라 외부의 힘을 빌려 결정하려 할지도 모릅니다.

콩도르세의 역설과 민주주의의 의미

다수결은 많은 사람의 의견을 반영할 수도,
반대로 많은 사람의 의견이 반영되지 않는
이상한 결정 방법이 될 수도 있다.

• 콩도르세의 역설

앞의 '아무리 작은 힘이라도 정의를 바로 세울 수 있다'에
서 이야기한 프랑스의 계몽주의자 콩도르세는 다수결의 원리
가 가진 구조적 문제를 잘 보여주었습니다. 그는 사람들이 자신
이 좋아하거나 옳다고 생각하는 것들을 선택하게 하고 이를 다
수결로 결정했을 때, 실제 사람들이 원하는 것과는 다른 결과
가 나올 수 있다는 것을 알려줬습니다. 이를 '콩도르세의 역설',
또는 '투표의 역설'이라고 부릅니다.

일곱 사람이 모여 점심을 먹기로 합니다. 점심 때 선택 가능
한 메뉴는 비빔밥, 자장면, 피자 세 가지인데요. 사람마다 취향

이 달라 메뉴를 고르기 어려우니 다수결로 정하자고 합의했습니다. 투표했더니 자장면이 세 표, 비빔밥이 두 표, 피자가 두 표였습니다. 결과적으로 자장면이 최다 득표를 했으니, 이를 먹기로 합니다. 사람들은 할 수 없이 자장면을 먹습니다. 그런데 먹으면서 이야기를 나누다가 한 사람이 좀 불만스러운 얼굴로 말합니다. "야, 나는 자장면은 제발 안 먹었으면 했어. 어제 점심도 자장면이었거든." 그러자 옆에 있던 다른 세 명도 똑같이 말했다. "나도 그랬는데!" 결국에 다수결로 하면 자장면이 가장 먼저 탈락했을 메뉴였는데, 다수결로 자장면이 선택된 이상한 상황입니다.

• 민주주의의 의미

민주주의의 진짜 의미는 무엇일까요? 최선을 결정하는 방법일까요? 많은 사람이 민주주의의 꽃인 선거는 최선의 정치인이 아니라 최악의 정치인을 배제하는 방법이라고 말합니다. 그런데 우리는 어떤 방법을 사용하고 있나요? 누가 최악인지를 결정하는 투표를 하는 것이 아니라, 누가 최선의 정치인인가에 투표하고 있습니다. 콩도르세의 역설에 쉽게 빠질 수 있는 이유입니다. 다수결은 많은 사람의 의견을 반영하는 데 아주 효과적인 방법일 수도, 반대로 많은 사람의 의견이 반영되지 않는 이상한 결정 방법이 될 수도 있습니다.

당신에게는 아무것 아니어도
누군가에게는 아픔이다

아이들과 개구리

어느 날 아이들 몇몇이 연못가에서 놀고 있었습니다. 그 연못에는 개구리 가족이 살고 있었죠. 아이들은 연못에 조그만 돌을 던져 수제비 뜨는 놀이를 했습니다.

아이들이 던진 돌은 연못 위를 빠르게 날아다녔고, 그 모습을 본 아이들은 재미있고 즐거워했습니다. 하지만 개구리 가족은 그 돌들을 보고 두려움에 떨어야 했습니다.

마침내 나이 많고 용감한 개구리 한 마리가 물 밖으로 머리를 내밀고 외쳤습니다.

"얘들아, 제발 그 잔인한 놀이를 좀 멈추렴! 너희들은 재밌을지 몰라도 우리는 죽을 수도 있단다!"

20세기에 벌어진 두 번의 세계대전은 당시의 지성인들에게 커다란 충격을 주었습니다. 그전까지만 해도 사람들은 인간이 지성을 가진 존재이고 합리적인 존재이므로, 적절한 교육을 받으면 도덕적으로 더 성숙한 존재가 될 것이라고 믿었습니다. 하지만 전쟁이 끝나고 확인된 참상은 인간에 대한 믿음을 송두리째 날려버렸죠. 앞서 독일의 아우슈비츠 강제수용소에서 자행된 폭력에 관해 살펴봤습니다. 군인이었다는 이유로 아무 생각 없이 폭력 행위에 가담한 사람들의 이야기였습니다.

한국도 이런 일을 겪었습니다. 일제강점기 그리고 해방 후 정치적 혼란기, 또 6.25 한국전쟁과 5.18 광주에서도 그런 일들이 일어났습니다. 폭력을 저지른 사람들 중에는 우리가 지식인이라고 불러야 하는 사람도 많습니다. 지성을 가진 사람들이 어떻게 그런 일을 할 수 있는지는 앞서 '부드러움이 강함을 이기는 경우'에서 다룬 스탠리 밀그램의 실험에서도 드러나는데요. 그들의 성격이 잔혹하고 폭력적이었을까요?

1962년 예루살렘의 한 법정에서 한 사람이 재판정에 서게 됩니다. 체격은 보통으로 약간 마른 편에 희끗희끗한 머리를 한 평범한 사람이었습니다. 그의 이름은 오토 아돌프 아이히만. 나치스가 저지른 끔찍한 학살의 주범 중 한 명이었는데요. 그는 재판 과정에서 자신은 그렇게 악한 사람이 아니며 나쁜 의도가 없었다고 항변했습니다. 그 역시 군인으로서 어쩔 수 없었다는 주장을 반복했죠. 나치스가 패망한 후 아르헨티나에서 신분을 숨기고 가족과 함께 살던 그가 재판정에 서게 된 것은 이스라엘 비밀경찰의 끈질긴 추적 덕이었습니다.

이 재판을 방청한 한나 아렌트(Hannah Arendt, 1906~1975)는 아이히만을 보고 커다란 충격을 받습니다. 아렌트는 유대인으로 그녀 자신이 바로 나치스가 저지른 폭력의 희생자라고 할 수 있죠. 그런데 아렌트가 보기에 그런 거대한 악의 화신으로 서 있는 피고인의 모습은 너무 평범했습니다. 실제로 아이히만은 매우 가정적인 남자였으며, 아르헨티나에서 그의 일상은 지극히 평화롭고 평범해서 그가 수백만 명을 학살한 범죄에 핵심 가담자였다는 사실을 아무도 상상할 수 없었다고 합니다.

아렌트는 자신이 예루살렘의 재판정에서 겪은 소회를 〈뉴욕타임스〉에 기고해 전 세계적인 반향을 불러일으키는데요. 그 이유는 아이히만을 평범한 사람으로 묘사해서였습니다. 같은 유대인들에게 거센 항의를 받기도 했는데, 그런 악인을 평범한 사람이라고 묘사한 사실 자체에 희생자들이 분노했기 때문이었습니다. 그러나 아렌트가 말하고자 했던 것은 우리를 더욱 가슴 아프게 했습니다. 아렌트는 일상을 평범하게 사는 사람이 어떻게 그런 거대한 악을 저지를 수 있는지를 보여주고자 했거든요.

아렌트는 자신의 행위를 성찰하지 않는 게으름, 권위에 대한 단순한 복종이 얼마나 위험할 수 있는지에 대해 분석합니다. 그리고 이를 '악의 평범성'이라는 개념으로 묶어냅니다. 그 개념대로 보면, 우리의 평범한 일상이 악의 부역자가 될 수 있습니다. 친구들과 평범하게 함께 보낸 그 시간이 개구리 가족에게 무시무시한 공포의 시간이었던 것처럼요. 우리가 일상에서 재미로, 혹은 아무 문제의식 없이 저지르는 행위 중에는 타인을 아프게 하는 행위들이 있습니다. 그저 농담이나 장난으로 했던 말이나 행위가 상대에게는 잊기 어려운 상처가 될 수 있습니다.

이런 문제의식은 우리 삶을 힘들고 짜증나게 만들 수 있습니다. 자신의 평범한 일상이 누군가에게 고통을 줄 수도 있다는 사실은 자기 자신을 검열하게 하고, 결국 행동이나 말에 많은 제약을 걸기 때문입니다. 조심조심 살아야 한다는 것만큼 힘들고 번거로운 일도 없죠. 그러나 반대로 생각하면 사정이 달라집니다. 연못가의 아이들에게 악의가 있을 리 없습니다. 그러나 아이들은 자기 입장에서만 판단했습니다. 판단의 기준은 피해를 입는 쪽에 있습니다. 그동안 우리가 얼마나 아무 생각 없이 그저 당연하다는 생각으로 상대의 입장을 고려하지 않았는지 돌아보게 됩니다. 단지 그런 생각만으로도 그 '불편'이 사실은 잘못된 생각이라는 것을 알 수 있습니다.

당연한 것의 위험에 빠지지 않기 위해 낯설게 하기가 필요하다

타인을 배려하는 일을 '불편'하다고 느낀다면, 자신이 '불편'을 느끼는 이유를 생각해봐야 합니다. 불편하다고 느끼는 것은 뭔가를 당연하다고 생각하기 때문인데요. 친구에게 말조심하는 것이 불편하다면, '친구 사이에 이런 것까지도 조심해야 하나?'라는 생각 아래에 '친구 사이'라는 관계에 대해 당연시하는 것들이 있어서입니다. 아렌트가 아이히만의 재판을 통해 분명히 하고자 한 것이 평범한 일상에 묻혀 있는 우리의 무신경한 태도였습니다.

우리가 무심하게 넘어가는 일들은 대개 특별한 문제를 일으키지 않았기에 주목하지 못한 경우입니다. 매일매일 지나다니는 길에 특별한 변화가 없다면 우리 시선에도 변화가 없겠죠. 그냥 그렇게 늘 그 길을 지나다닙니다. 그런데 어느 날 그 길에 있던 뭔가에 변화가 생기면 비로소 주목하게 됩니다. 낯설기 때문이죠. 그 낯선 경험은 실제로 변화가 생겨서일 수도 있고, 반대로 그저 늘 보던 것에서 이제까지 보지 못했던 것을 보게 된 시선의 변화 때문일 수도 있습니다.

우리의 시야에는 왼쪽 눈과 오른쪽 눈의 시선이 교차하는 지점에 맹점이 있습니다. 바로 우리 눈앞에 있지만 보이지 않는 지점입니다. 우리가 당연하게 생각하는 것들은 이런 맹점과도 같습니다. 당연하기에 우리에게 문제로 떠오르지 않는 것이죠. 밥을 먹으면서 자신이 오른손을 쓴다는 사실을 지각하는 사람은 없습니다. 그런데 왼손으로 밥을 먹는 사람 옆에서 식사를 하면 갑자기 자신이 어느 손을 쓰고 있는지 지각하게 됩니다. 옆 사람과 팔이 부딪치기 때문이죠. 여태까지 그런 일이 없었는데, 식사하면서 옆 사람과 팔이 닿는 경험을 하면 비로소 자신이 오른손으로 밥을 먹는다는 것을 자각합니다. 일단 이런 경험이 생기고 나면 그동안 당연하게 생각했던 것들이 다 낯설게 보일 수도 있습니다. 지하철을 탈 때 카드를 찍는 손은 오른손입니다. 왼손으로 찍으려면 여간 불편한 게 아닙니다. 비로소 우리 일상의 수많은 장소가 오른손을 기준으로 되어 있다는 사실을, 그리고 왼손을 주로 사용하는 사람들이 그동안 얼마나 불편했을지를 알게 되는 것이죠.

자기가 하는 평범한 행위가 누군가에게 아픔을 줄 수 있다는 사실은 그동안 평범하게 생각한 것들의 당연함을 벗겨냅니다. 이 벗겨냄을 통해 우리는 새로운 것들을 보게 되는데요. 코페르니쿠스는 그 당연한 것을 가장 드라마틱하게 의심한 사람 중 한 명입니다. 하늘을 쳐다보면 태양이 움직이는 걸 볼 수 있습니다. 그저 동쪽에서 떠서 서쪽으로 지는 것만이 아니죠. 계절에 따라 태양이 떠오르는 위치가 달라집니다. 여름에는 나무 위로 태양이 솟아올랐다면 겨울에는 지붕 위에서 태양이 떠오릅니다. 태양이 움직인다는 것은 당연했죠. 나무가 자리를 옮기지 않고, 지붕이 옮겨진 것이 아니라면 말입니다. 그런데 코페르니쿠스는 너무 당연한 것을 의심하기로 합니다. 그래서 보는 관점을 회전시키자 당연했던 것이 더 이상 당연하지 않은 것이 되는 반전이 일어납니다. 태양이 움직이는 게 아니라 그것을 보는 우리가 움직였던 것이었죠. 이 새로운 경험을 통해 그는 새로운 세계를 볼 수 있었습니다.

당연한 것의 위험은 반성하지 못하게 만드는 일종의 무능력입니다. 아렌트가 '악의 평범성' 개념을 통해 우리에게 보여준 것은 평범함이라는 당연함이 우리로 하여금 반성하고 성찰하지 못하게 한다는 사실이었습니다. 우리가 평범하고 당연하게 생각하는 것은 우리를 반성하고 성찰하지 못하게 만들 수 있습니다. 그러므로 때때로 우리 자신을 낯설게 보려는 노력이 필요합니다. 비록 그것이 어떤 경우에 우리를 귀찮고 불편하게 할지언정 말입니다.

철학 수업
판단중지

에드문트 후설
Edmund Husserl, 1859~1938

　독일의 현대 철학자인 에드문트 후설은 당연한 것을 의심해보는 한 방법으로 '판단중지'를 제안합니다. 본래 판단중지는 회의주의학파의 주요 인물이었던 피론(Pyrrhon, B.C. 360?~B.C. 270?)이 강조한 방법이었습니다.

　판단중지란 우리가 믿고 있는 것들에 대한 판단을 유보하는 것입니다. 앞서 스토아학파와 쾌락주의에 관한 이야기에서 행복하기 위해서는 마음의 평정을 얻는 것이 중요하다고 했는데요, 회의주의학파 역시 마음의 평정을 얻기 위한 한 방법으로 판단중지를 제안합니다. 일상에서 우리가 당연하다고 믿고, 진리라고 생각하는 믿음 때문에 이런저런 번뇌에 시달린다는 것이죠. 피론에 따르면 우리가 진리라고 믿는 것들은 절대적이지 않습니다. 따라서 자신의 믿음이 무조건 옳다고 생각하는 태도를 유보하면, 세상을 좀 더 냉정하게 바라볼 수 있고 결과적으로 마음의 평정을 얻을 수 있습니다.

후설은 판단중지를 통해 우리가 경험하는 대상들과 관련된 새로운 가능성을 열 수 있다고 말합니다. 당연하게 생각하는 것들에 대해 당연하다는 생각을 반성하는 것이죠. 후설은 아주 근본적으로 이 세상이 존재한다는 믿음에 대해서조차 판단중지할 수 있다고까지 말합니다. 우리가 이 세상이 존재한다는 것을 어떻게 의심할 수 있겠습니까?

그런데 우리는 그런 의심을 해본 사람들을 압니다. "나는 생각한다. 그러므로 존재한다"고 말한 데카르트가 그랬고, 또 꿈을 꾸고 난 다음 자신이 나비인데 사람이라고 꿈을 꾸는 것인지, 아니면 사람인데 나비라고 꿈을 꾼 건지 모르겠다고 말한 장자가 그랬죠. 이와 비슷하게 후설은 세상이 지금 우리가 보고 경험하는 대로일 것이라는 믿음을 당연하게 생각하지 말라고 합니다. 그러면 이제까지 보이지 않던 것들이 보일 수 있다는 것이죠. 이런 태도를 앞선 예와 연결하면 이렇게 말할 수 있습니다. '내가 그렇게(당연하게) 생각하니까, 친구도 그렇게(당연하게) 생각할 것'이라는 믿음을 잠시 내려놓자.

다름은
틀림이 아니다

두 개의 항아리

청동으로 만든 항아리와 점토로 만든 항아리 둘이 벽난로 옆에 함께 있었습니다. 어느 날 청동으로 만든 항아리가 흙으로 만든 항아리에게 함께 세상 구경을 하러 가자고 제안했습니다. 하지만 흙으로 만든 항아리는 자기는 여기 불 옆에 있는 게 좋을 것 같다며 제안을 거절하고 미안해했죠.

"미안해, 하지만 난 조금만 충격을 받아도 깨질 것 같아. 너도 잘 알잖아!"

"그렇지만 집 안에만 있으면 안 돼!

청동으로 만든 항아리가 말했습니다.

"내가 너를 잘 돌봐줄게. 만약 단단한 뭔가가 오면 내가 네 앞으로 나서서 널 지켜줄게!"

결국에 흙으로 만든 항아리는 청동으로 만든 항아리의 설득에 못 이겨 함께 길을 나섰습니다. 둘은 나란히 옆으로 서서 항아리를 받치는 세 개의 다리로 한 번은 이쪽을 먼저 내디디고, 다른 한 번은 저쪽을 내디디면서 덜컹거리면서 조심스럽게 걸었습니다. 그런데 그렇게 걷다 보니 자꾸만 서로에게 부딪쳤습니다.

그렇게 둘이 걷는 것은 결국 오래가지 못했습니다. 열 걸음도 채 가기 전에 흙으로 만든 항아리에 금이 갔고, 다음 걸음에서 수많은 조각으로 부서졌거든요.

차이를 존중한다는 것

청동으로 만든 항아리의 선의가 오히려 나쁜 결과를 낳은 안타까운 이야기입니다. 우선 청동 항아리나 흙 항아리는 서로에 대해, 무엇보다 자기 자신에 대해 잘 몰랐습니다. 때때로 우리는 자기 자신을 잘 안다고 생각하지만, 사실 '나'는 내가 세상에서 제일 궁금한 대상입니다.

흙 항아리가 맞이한 비극의 또 다른 원인은 우리가 미래를 예측하는 것과 실제 미래는 다를 수 있다는 것입니다. 미래 예측이 어려운 까닭은 세상이 우리가 생각하는 것보다 훨씬 복잡해서입니다. 청동 항아리는 흙 항아리에게 위험이 생길 때 자신이 막아줄 수 있다고 믿었습니다. 그러나 정작 흙 항아리에게 가장 위험한 존재는 바로 자신이었죠. 자기 자신과 상대에 대한 무지와 미래의 불확실성, 이것이 흙 항아리가 겪은 아픔의 원인입니다. 이 이야기는 다문화 사회에서 차이를 존중한다는 것이 어떤 의미인지를 잘 보여줍니다.

내가 아니라 네가 좋아야 좋다

걸어서 하는 여행을 즐기는 사람들에게 유명한 여행지로 산티아고 가는 순례길을 꼽습니다. 예능 프로그램에서도 소개할 정도로 유명한 이 길은 본래 예수의 사도였던 성 야고보의 무덤을 찾아가는 순례길이었습니다.

예수의 사도 중 맨 먼저 순교를 당한 야고보의 시신이 스페인 땅에서 발견되면서 시작된 일종의 성지 순례길이죠. 1000년이 넘는 세월 동안 수많은 사람이 수백 킬로미터가 넘는 이 길 위를 걸으며 삶의 의미를 생각했습니다. 최근에는 종교와 상관없이 전 세계의 사람들이 이 길을 걷습니다. 때로는 관광의 목적이기도 하고, 또 때로는 오랜 시간을 걷는 고통을 통해 자기 극복의 체험이 목표죠. 순례객 중 많은 사람이 일상에 지친 자기 자신을 새롭게 발견하고 재충전합니다. 이 순례길에는 그야말로 전 세계에서 문화와 언어, 생활풍습이 다른 사람들이 모여듭니다. 각자가 이 여행길에서 얻고자 하는 바는 다르지만, 서로 배려하고 위로하면서 함께 길을 걷습니다. 따라서 이 길이야말로 서로 다른 생각과 문화를 가진 사람들이 어떻게 공존할 수 있는지를 보여주는 좋은 상징입니다.

모든 사람이 똑같은 속도로 길을 갈 수는 없죠. 누군가는 빨리 걸을 수 있지만, 그의 속도에 맞추다가는 길을 완주할 수 없는 사람도 있습니다. 누군가는 반드시 쉬고 가야 하는 순간이지만, 누군가는 오늘의 목표에 도달하기 위해서는 쉬면 안 될 수도 있습니다. 그때그때 상황과 조건들은 그 길을 걷는 사람들을 서로 다른 방식으로 걷게 합니다. 어쩌면 청동 항아리는 바로 이런 길의 매력에 빠져 흙 항아리에게 여행을 제안했을 수 있습니다. 그리고 그 여행에서 자기 자신을 발견하고, 서로를 이해하며, 더 깊은 삶의 의미를 깨달을 수 있었을지도 모릅니다. 청동 항아리는 흙 항아리에게 생길 문제를 어느 정도는 예상했을 것입니다. 그리고 그런 위험은 단단한 자기 몸으로 감당할 수 있다고 생각했죠. 희생정신을 발휘할 준비가 되어 있었던 것입니다. 이런 청동 항아리의 마음을 어떻게 이해해야 할까요?

때때로 우리는 자신이 좋다고 생각하는 것이나 옳다고 생각하는 것을 자기가 배려하는 상대에게 권합니다. 자신의 동기가 순수하고, 또 자신 혹은 우리가 당연하게 생각하고 있으므로 옳다고 여기는데요. 이는 자칫 일종의 절대주의적 관점에 빠질 수 있습니다. 자신이 옳고 상대는 잘못이라고 생각하는 것이죠. 앞서 개구리 가족의 사례에서 말한 것처럼 아픔의 판단 기준만이 아니라 좋음의 판단 기준 역시 궁극적으로는 그 좋음을 받아들이는 사람의 입장에서 정해져야 합니다. 자신의 판단과 순수한 동기, 그리고 그 열정이 때로는 상대를 힘들고 고통스럽게 만들 수 있다는 점을 이해해야 합니다.

자유변경, 입장 바꾸기는 어떻게 가능한가?

두 개의 항아리에 관한 이솝 우화의 교훈은 여러 가지로 말할 수 있습니다. 자신과 너무 다르게 생각하는(생활하는) 사람을 친구로 두는 것은 현명하지 않다는 것입니다. 또 좋은 우정은 평등한 관계일 때 비로소 가능하다는 것도 생각할 수 있습니다. 실제로 이솝 우화가 쓰인 시대적 상황들을 생각하면 비슷한 사람끼리 모여야 편안하다는 메시지가 이 이야기가 전하는 바라고 해야 맞을 것입니다. 그런데 저는 이 이야기에서 우리가 생각할 것을 좀 더 확장해봤습니다. 청동 항아리의 잘못은 상대 입장에서 문제를 생각해보지 않았다는 것입니다.

우리는 일상에서 역지사지(易地思之)라는 말을 합니다. 입장을 바꿔 생각해보라는 것이죠. 앞서 이야기 한 상대의 입장에서 판단하자는 다문화 사회의 생활규칙에 딱 들어맞는 이야기라고 할 수 있습니다. 그런데 이 말의 뿌리를 생각해보면, 더 많은 이야기가 들어 있음을 알 수 있습니다. 이는 맹자가 고대 중국의 우임금과 후직을 공자가 아낀 안회와 비교하며 한 말인 '역지즉개연(易地則皆然)'에서 온 말입니다. 우임금과 후직이 살았던 시대는 태평성대였고, 안회가 살았던 시절은 난세였습니다. 맹자는 세 사람의 훌륭함을 이야기하면서 비록 세 사람의 생활 방식은 달랐지만, 만약 그들이 서로 시대를 바꿔 산다면 상대방과 똑같이 살았을 것이라고 말합니다.

맹자가 이야기한 것처럼 상대와 입장을 바꾸면 동일성을 이

끌어낼 수 있습니다. 차이를 존중하는 것이 도리어 동일성에 이를 수 있다는 점이 신기하기도 합니다. 상대에게서 이해하지 못하던 점을 그의 입장에서 생각해보면 비로소 알게 되는 것도 마찬가지입니다. 또 칸트가 도덕적인 행위의 기준으로서 '다른 사람들이 만약 네 처지에 있게 된다면 할 법한 행동을 하라'고 말한 것과도 상통하는 점이 있습니다. 물론 맹자가 말한 세 사람은 모두 평범한 사람들이 아니라 성인의 반열에 오른 사람들이죠.

실제 우리네 현실에서는 말이 그렇지 입장을 바꾸는 것이 그리 쉬운 일은 아닙니다. 당장 눈앞에 뻔히 보이고, 그러므로 자신이 당연하다고 생각하는 것을 바꿔 생각하기란 여간 어려운 일이 아니죠. 그래서 서로 의견 충돌이 생깁니다. 그런데 입장을 바꾸면 동일한 것을 볼 수 있듯, 우리가 서로의 입장에서 생각해보면 타협점을 찾아 나가는 일도 처음처럼 어렵지는 않을 것입니다

앞서 잠시 소개했던 독일의 철학자 후설은 우리가 어떻게 하면 입장을 바꿔 생각해볼 수 있는지에 대해서도 괜찮은 방법을 알려줍니다. 그것은 인간 지성이 가진 독특한 능력이기도 한데, 후설은 앞서 말한 '판단중지'의 경우처럼 자신이 당연하다고 생각하는 것에 대해 잠시 그 당연하다는 생각을 내려놓

고 보고 있는 시선의 방향을 바꿔보라고 제안합니다.

여기 빨갛게 아주 잘 익은 사과가 있습니다. 그런데 이 사과에서 변할 수 있는 것과 변할 수 없는 것을 생각해봅시다. 사과를 사과이게 하는 것을 찾는 방법입니다. 사과가 꼭 빨간색이어야만 할까요? 노란색 사과, 파란색 사과도 있으니 빨간색이라는 것이 사과를 사과이게 하는 것은 아닙니다. 이렇게 색깔을 바꿔보듯 사과의 모양도 바꿔볼 수 있고, 크기도 바꿔볼 수 있습니다. 인간의 지성은 이렇게 우연적인 성질을 바꿔 생각할 힘을 갖고 있습니다. 자신이 단단한 청동 항아리가 된 것은 우연적인 성질입니다. 항아리라는 관점에서 청동 항아리는 흙 항아리나 사기 항아리가 될 수도 있죠. 또 내가 사람이라는 점에서 한국 사람이 된 것 역시 필연적인 것이 아니라 우연적입니다. 나는 다른 나라 사람일 수도 있습니다. 이처럼 어떤 상황적이고 우연적인 조건들은 언제나 변경 가능합니다.

이렇게 상황적 조건들을 변경해서 생각할 힘은 앞서 말했던 것처럼 다른 동물들은 할 수 없는 '가능성의 세계'를 발견하는 힘이자, 동시에 우리가 상대의 입장에 서볼 힘을 줍니다. 후설은 이를 '자유변경'이라고 부릅니다. 우리는 우리의 지적인 태도를 자유롭게 변경할 힘을 가졌다는 것입니다.

철학 수업

반성적 평형

어떤 원리를 현실에 적용해가면서
적절한 정도를 찾는 방법

살면서 우리는 어떤 가치에 대해서는 보편적인 특성을 부여합니다. 인권 문제가 그렇습니다. 반면 어떤 문제에 대해서는 상대주의적 관점에서 봅니다. 개인의 옷차림에 대한 취향 같은 것들이죠. 복잡한 현실을 오직 하나의 관점으로만 설명하는 일은 사실상 불가능에 가깝습니다. 상대주의도 위험하고, 절대주의도 위험하다는 말을 뒤집으면 상대주의가 좋을 때가 있고, 절대주의적 관점이 옳을 때도 있다가 됩니다. 플라톤의 생각을 빌리면 적도를 찾는 일이라고 할 수 있습니다. 그런데 앞서 이야기했던 것처럼 적도를 찾는 일이 쉽지 않기 때문에, 현실에서는 이런저런 충돌이 일어나고 혼란도 생깁니다.

공정한 분배 이론을 만드는 일에 공을 들였던 존 롤스는 '반성적 평형'이라는 개념을 제시했는데요. 어떤 공동체가 어떤 원리에 대해 합의하고자 합니다. 그런데 그 원리가 처음부터 완전하기는 힘듭니다. 그래서 문제가 발생하면 수정할 수밖에 없죠. 이런 수정 과정을 반복하면서 차츰 어딘가로 수렴한다는 것입니다. 롤스가 말한 정의의 두 원리는 그런 방법을 통해 도달한 결론입니다.

아이들 여럿이 아주 큰 시소를 탄다고 가정해봅시다. 누군가 두 무리로 나눠 무게를 똑같이 만들어보자고 제안합니다. 처음부터 평형을 잡을 수는 없죠. 한쪽으로 기울면 반대쪽으로 움직이기를 여러 번 반복하여, 결국에는 평형을 찾아낼 수 있습니다. 한쪽에 가방을 올려서라도 평형을 잡을 수 있겠죠. 반성적 평형이란 어떤 원리를 현실에 적용해가면서 적절한 정도를 찾는 방법입니다.

중요한 것은 그런 평형 상태, 즉 적절한 정도를 찾아내는 일이 쉽지는 않지만 불가능하다고 생각할 이유도 없다는 점입니다. 바로 이것이 우리가 우리 사회에 가진 희망이어야 합니다. 애초부터 불가능하다고 생각한다면 아무런 발전도 없으니까요. 게다가 인류는 이제껏 그런 균형점을 찾는 많은 사회적 실험을 해왔습니다. 역사는 그런 노력의 증거입니다.

9

참여만이
세상을 바꿀 수 있다

만일 사람들이 어떤 상황들을
실제라고 믿는다면,
그 상황은 현실이 될 것이다!

헤라클레스와 마부

비가 세차게 오는 어느 날 한 농부가 진창이 된 길에서 조심스럽게 마차를 몰고 있었습니다. 진흙탕으로 변한 길 때문에 말도 마차를 제대로 끌 수가 없었는데요. 마침내 마차 바퀴가 수렁에 빠져 헛돌았고 마차는 꼼짝 못 하게 되었습니다.

농부가 마차에서 내려 상태를 살폈으나 어찌할 바를 몰랐죠. 농부는 너무 재수가 없다고 한바탕 욕을 하더니만, 큰 소리로 헤라클레스에게 도움을 청했습니다. 그러자 정말로 헤라클레스가 나타나 이렇게 말했습니다.

"여보게. 자네 어깨를 마차 밑에 받치고는 말을 재촉해보게. 자네 생각에는 그렇게 쳐다보기만 하면 바퀴가 굴러갈 것 같은가? 헤라클레스는 아무런 노력도 하지 않는 사람은 도와주지 않는다네!"

농부는 그의 말대로 어깨로 마차를 받치고 말에게 기운을 내라고 재촉했습니다. 그러자 이내 마차가 진창을 빠져나왔습니다. 농부는 다시 마차에 올라타면서 크게 기뻐했고, 좋은 교훈을 얻었습니다.

하늘은 스스로 돕는 자를 돕는다

하늘은 스스로 돕는 자를 돕는다는 말이 있습니다. 이 이야기는 그런 말에 딱 들어맞는 이야기입니다. 해보지도 않고 지레 불평만 늘어놓거나 포기해버리는 태도는 문제를 해결하는 데 아무 도움도 되지 않습니다. 우리에게 닥친 문제가 어떻게든 해결해야만 하는 것이라면 더더욱 그렇죠. 많은 사람이 선뜻 나서지 못하는 것은 우리가 도달하고자 하는 목표 시점이 확실히 있는 곳인지에 대한 신념이 부족하기 때문입니다. 마부는 자신이 마차를 끌어낼 수 있다는 생각을 아예 하지 않았죠.

사고 실험을 하나 더 해보겠습니다. 서울에서 부산을 가는데, 걸어서 간다고 해보죠. 유감스럽게도 세상에 부산이 있는지 없는지 잘 모르는 사람들이 함께 출발한다고 가정합니다. 어떤 사람은 열심히 걸어가서 부산까지 얼마 남지 않았습니다. 또 어떤 사람은 게으름을 피우며 한눈을 팔다가 아직 경기도도 벗어나지 못했습니다. 그런데 경기도에 있는 사람이 부산에 거의 다 도착한 사람에게 전화를 걸어 도착했느냐고 묻습니다. 그가 아직 잘 모르겠다고 대답합니다. 그러자 경기도에 있는 사람이 대뜸 이렇게 말합니다. "거봐, 부산은 세상에 없다니까! 너처럼 열심히 걸어가도 도착할 수가 없잖아. 그건 없다는 뜻이라고! 너나 나나 다른 게 없어 똑같아!" 그런데 정말 두 사람이 같은 처지라고 해야 할까요?

미래를 긍정적으로 보면 그에 맞춰 노력하게 된다

사회학 이론 중에 토머스 정리라는 것이 있습니다. 토머스 정리는 1928년 사회학자 윌리엄 토머스(William. Thomas, 1863~1947)와 그의 조교 도로시 토머스가 출간한 책에서 나온 말로 그 내용은 이렇습니다. "만일 사람들이 어떤 상황들을 실제라고 믿는다면, 그 상황은 현실이 될 것이다." 사회학자인 로버트 머튼(Robert Merton, 1910~2003)은 토머스 정리를 좀 변형해 자기충족적 예언이라고 개념화합니다. 자기충족적 예언이란 잘못된 예언으로 인해 어떤 행동을 하게 되고, 그 행동이 결국 그 예언을 현실로 실현하는 경우를 말합니다. 어떤 뉴스에서 올해는 기후 변동 때문에 커피콩 작황이 좋지 않을 가능성이 있다는 보도가 나왔다고 해봅시다. 그러면 사람들은 조만간 커피값이 오를지 모른다는 생각을 하고, 커피콩 사재기를 시작해 실제로 커피값이 올라갑니다. 커피값의 상승은 커피 작황이 안 좋을 것이라는 사람들의 예측 때문이지 실제 커피 작황하고는 상관이 없죠.

철학자 포퍼는 이런 상황을 '오이디푸스 효과'라고도 불렀습니다. 그리스 비극의 주인공 오이디푸스는 아버지를 죽일 것이라는 신탁의 예언을 듣습니다. 그래서 아버지가 돌아가시기 전까지는 자신의 나라에 돌아가지 않겠다는 맹세를 하고 자신의 나라와는 반대 방향으로 길을 나섭니다. 이때 신탁을 받으러 오던 낯선 마차와 시비가 붙어 싸우다가 마차를 비탈길 아래로 굴려 마차에 타고 있던 사람이 죽는데요. 그 마차에 있던 사람이 바로 오이디푸스의 생부였죠. 오이디푸스가 어렸을 때 그의 아버지 라이오스 왕은 자기 아들에게 죽임을 당할 운명이라는 신탁을 듣고, 오이디푸스를 죽이려 했습니다. 갓난쟁이 때 깊은 숲속에 버려진 오이디푸스는 운이 좋게 살아남아 이웃 나라로 입양을 갔고, 라이오스 왕은 아들이 죽었다고 믿었습니다. 결국에 불행한 라이오스와 오이디푸스는 각자 신탁을 통해 받은 예언을 실현하고 맙니다.

머튼이나 포퍼가 자기충족적 예언을 부정적으로 여겼다면, 그 반대 경우도 물론 가능합니다. 흔히 칭찬은 고래도 춤추게 한다고 합니다. 미국의 심리학자 로버트 로젠탈(Robert Rosenthal, 1933~)은 미국의 한 초등학교에서 몇몇 학생들을 무작위로 골라 지능지수 검사를 하고 그중 일부를 뽑아 '지능이 높은 학생들'이라고 분류한 목록을 그 학교 교사들에게 보냈습니다. 교사들이 그런 (지능이 높다고 알려진) 학생들에게 더 많은 관심을 쏟는 것은 자연스러운 일이다. 그런데 흥미롭게도 몇 달 후 실제로 그 학생들의 지능지수 점수가 의미 있게 올라가는 결과가 나왔습니다. 교사의 좋은 선입견이 학생들을 자극하고 학생들은 교사의 기대에 부응하기 위해 열심히 노력한 결과입니다.

심리학에는 이런 종류의 실험도 많고 개념도 많습니다. 이들 실험에 따르면, 인간은 자신이 미래를 어떻게 생각하느냐에 따라 그런 미래를 살게 될 확률이 높습니다. 미래를 부정적으로 보면 실제로 부정적인 행동을 하게 되고 결과적으로 부정적인 미래를 실현하는 것이죠. 반대로 미래를 긍정적으로 보면 그에 맞춰 노력하기 때문에 긍정적인 미래를 실현할 수 있습니다. 이는 한 개인의 삶만이 아니라 우리가 사는 사회의 미래에 대해서도 마찬가지일 것입니다.

자유를 얻고자 한다면 참여하라

개인의 삶을 강조할 때 가장 중요한 것은 자유입니다. 그가 인간은 자유롭도록 저주받았다고 말한 것은 인간 삶의 부정적인 측면을 말한 것이 아니라, 자유가 그만큼 중요한 인간다움의 조건임을 강조하기 위해서였습니다. 그런데 그런 자유는 어떻게 얻어질까요? 가만히 앉아 있으면 그에게 자유가 생길까요? 개인의 자유와 실존 문제에 대해 고민했던 사르트르는 시간이 흐르면서 참여의 문제에 대해 고민하기 시작합니다.

문학에 관해 쓴 글에서 사르트르는 '글쓰기'가 바로 세상에 대한 참여라고 말합니다. 자신에게 던져진 상황에 대해 글을 쓰는 것은 일종의 성찰적인 행위입니다. 글쓰기를 통해 우리는 그 상황을 자신이 어떻게 보고 있으며, 자신의 상황을 개선하길 희망하거나, 아니면 반대로 이를 승인하고 수용할지를 선택합니다. 사르트르에게 글쓰기는 한 인간이 자신의 자유를 실현해가는 실천적 행위와 같습니다. 그래서 사르트르는 '말하는 것이 곧 행동'이라고 봅니다. 한 사회에 속한 개인들이 자신의 자유를 위해 사회적인 문제에 참여하는 것은 일종의 의무입니다. 물론 참여하는 방식은 다양할 수 있습니다. 어떤 사람은 정치적 행동을 통해서, 또 어떤 사람은 묵묵히 자신의 일상에 충실함으로써 참여할 수 있죠. 중요한 것은 사회적 문제에 무관심하거나 외면하지 않고 참여하고자 하는 문제의식입니다.

우리 사회는 개개인들의 삶이 함께 모여 있는 터전입니다. 그런 삶의 상황들이 오롯이 우리에게 우호적일 수는 없죠. 마치 수렁에 빠진 마차처럼 어쩔 수 없이 겪어야 하는 문제들에 부딪힙니다. 그때 그냥 주저앉아 있는 것은 도리어 문제를 악화시킵니다. 물론 우리가 부딪친 여러 문제에서 정답을 찾기 어려울 때가 많습니다. 그래서 머뭇거리고 한발 물러서기도 합니다. 세상이 바뀔지 확신할 수 없어 위축되곤 합니다. 그런데 구분해야 할 것은 신중한 것과 주저하는 것은 다르다는 사실입니다.

무엇이 좋은 것인지, 또 무엇이 옳은 것인지를 확실하게 알기는 어렵습니다. 그렇다면 가장 단순한 것으로부터 출발하는 게 현명합니다. 세상을 설명하고자 하는 여러 이론과 사상이 서로 경쟁하는 현실이 보여주듯 우리가 무엇이 진정으로 옳은지 알기 어렵다면, 일단 잘못된 것부터 고쳐가면 됩니다. 무엇이 잘못된 것인가는 우리의 양심과 건전한 상식으로 평가해야 합니다. 물론 우리의 상식과 당연하게 생각하고 있는 것들 역시 언제든 잘못된 것일 수 있다는 겸손함도 잊지 말고요.

우리가 명심해야 할 것은 미래를 불안하게 생각하는 자기 암시는 우리를 점점 더 늪으로 끌고 들어갈지도 모른다는 사실입니다. 실제로 그런 환경을 만드는 것은 우리 자신인데, 정작 사람들은 환경 탓을 합니다. 물론 오늘날의 사회적 환경에 문제가 없다는 것은 아닙니다. 실제로 사회에는 많은 문제가 있습니다. 그러나 그런 문제를 고치기 위해서 기다리기만 해서는 안 됩니다. 헤라클레스가 마부에게 환경만을 탓하고 네가 움직이지 않는다면 아무것도 바뀌지 않는다고 말한 것은 그런 의미입니다.

철학 수업

앙가주망

장 폴 사르트르
Jean Paul Sartre, 1905~1980

앙가주망(Engagement)은 프랑스의 실존철학자 장 폴 사르트르의 후기 철학을 대표하는 개념입니다. 본래 앙가주망은 약혼이라는 뜻으로, 약속과 구속의 의미를 가집니다. 그런데 사르트르는 이 앙가주망에서 참여의 의미를 강조합니다. 개입한다는 뜻이죠.

사르트르에 따르면 실존적 인간은 자신의 현실을 인정하고 동시에 부정함으로써 미래를 향해 나아갈 수 있는 존재자입니다. 인간의 현재란 과거와 미래가 만나는 장소입니다. 과거는 이미 지나가버렸고 미래는 아직 오지 않았지만, 그렇게 이미 혹은 아직 없는 시간이 모여서 현재가 됩니다. 과거를 인정하되 동시에 미래를 향해 나아가는 존재로서 인간은 일종의 자기 구속의 상태를 갖게 되는데요. 그것은 역설적이게도 자신을 속박하는 과거로부터 해방되어 열린 미래로 나아간다는 약속을 의미하기 때문입니다. 사르트르에 따르면 이런 태도만이 현재의 상황을 극복하고 문제를 해결해나갈 힘을 줍니다. 참여란 인간이 자기 자신의 삶에서 오롯이 자유로운 주인이기 위한 삶의 양식입니다.

한 개인의 삶이 행복하고 평화롭기 위해서는 그 삶에 끼어 들어오는 다른 조건들, 즉 사회적 조건들의 문제를 생각하지 않을 수 없습니다. 세상은 지옥인데 자기 삶이 평화로울 수는 없기 때문입니다. 그래서 참여는 한 개인의 삶으로부터 자연스럽게 사회적 문제의식으로 확장됩니다. 더욱이 이런 확장은 한 개인의 삶을 더 진지하게 성찰할 계기를 만들어주는데요. 생각을 확장하는 과정에서 자신과 다른 사람들, 다른 생각을 하는 사람들을 만나게 되고, 그 만남은 도리어 자기 자신을 다시 생각하고 성숙하게 해줄 것입니다.

이솝 우화로 읽는 철학 이야기

ⓒ 박승억 2020

초판 1쇄 | 2020년 1월 3일
초판 3쇄 | 2021년 7월 19일

지은이 | 박승억
펴낸이 | 정미화   기획편집 | 정미화 전상희   디자인 | 김현철   그린이 | 박진희
펴낸곳 | (주)이케이북   출판등록 | 제2013-000020호
주소 | 서울시 관악구 신원로 35, 913호
전화 | 02-2038-3419   팩스 | 0505-320-1010
홈페이지 | ekbook.co.kr   전자우편 | ekbooks@naver.com

ISBN 979-11-86222-27-0 43100

이 도서는 한국출판문화산업진흥원의 '2019년 출판콘텐츠 창작 지원 사업'의 일환으로
국민체육진흥기금을 지원받아 제작되었습니다.